山西省"1331工程"会计学重点教学研究创新团队项目（晋科教〔2017〕12号）

研发费用加计扣除与企业全要素生产率
——影响机制及环境协同

柳雅君／著

图书在版编目(CIP)数据

研发费用加计扣除与企业全要素生产率：影响机制及环境协同 / 柳雅君著. --上海：立信会计出版社，2024.7. -- ISBN 978-7-5429-7700-7

Ⅰ. F249.22

中国国家版本馆 CIP 数据核字第 2024RM4914 号

策划编辑　孙　勇　方士华
责任编辑　张翠芳
美术编辑　吴博闻

研发费用加计扣除与企业全要素生产率——影响机制及环境协同

出版发行	立信会计出版社	
地　　址	上海市中山西路 2230 号　　邮政编码　200235	
电　　话	(021)64411389　　传　　真　(021)64411325	
网　　址	www.lixinph.com　　电子邮箱　lixinph2019@126.com	
网上书店	http://lixin.jd.com　　http://lxkjcbs.tmall.com	
经　　销	各地新华书店	
印　　刷	江苏凤凰数码印务有限公司	
开　　本	710 毫米×1000 毫米　　1/16	
印　　张	14.75	
字　　数	210 千字	
版　　次	2024 年 7 月第 1 版	
印　　次	2024 年 7 月第 1 次	
书　　号	ISBN 978-7-5429-7700-7/F	
定　　价	78.00 元	

如有印订差错，请与本社联系调换

前　　言

在中国经济由高速增长阶段向高质量发展阶段转变的过程中,经济发展水平仍受制于资源环境约束增加、传统经济增长动力减弱、劳动力成本上涨等诸多因素。因此,如何提高全要素生产率,是现阶段实现经济高质量发展、推进经济可持续增长过程中亟待解决的关键问题。企业作为提质增效的微观主体,其全要素生产率的提升至关重要。习近平总书记曾多次指出,提高全要素生产率是供给侧结构性改革的重点。党的十九大报告也明确提出:"必须坚持质量第一、效益优先,以供给侧结构性改革为主线,推动经济发展质量变革、效率变革、动力变革,提高全要素生产率。"可见,企业全要素生产率能否得到提升、提升的效果如何,与我国经济发展的效率变革、质量变革和动力变革紧密相关,决定着经济转型发展能否顺利推进。

为提高企业全要素生产率,我国陆续出台并完善了一系列税收优惠政策,其中研发费用加计扣除作为最有效的税收激励措施之一,有效推动了经济增长方式转变和企业经济效益的提高。研发费用加计扣除在我国的实施最初始于1996年,其后陆续经历了政策内容的多次调整,如2015年明确50%的加计扣除额度,2017年科技型中小企业享受研发费用加计扣除比例提升至75%,2018年研发费用加计扣除比例为75%的政策覆盖到所有企业,2021年制造业企业研发费用加计扣除比例提升至100%。研发费用加计扣除政策执行多年,其实施效率和效果也受到学术界和实务界的广泛关注。研发费用加计扣除是否会影响企业全要素生产率?技术进步、资源配置效率和组织管理水平在研发费用加计扣除和企业全要素生产率之间是否具有中介效应？要素市场发育程度、政府科研支持力度和"营改增"政策等相关环境要素是否与研发费用加计扣除产生协同效应,共同推动企业全要素生产率的提升？上述关系是否因企业产权性质、生命周期和要素禀赋差异而有所不同？回答这些问题对于提高企业这一微观主体的全要素生产率并进一步推动宏观经济高质量发展至关重要,然而鲜有文献对上述问题进行深入细致的研究。

基于此,本书以2007—2019年A股上市公司作为研究样本,运用理论研究与实证检验相结合的方法,就研发费用加计扣除对企业全要素生产率的影响进行了以下研究:①为全面评价政策实施的有效性,多维度构建研发费用加计扣除综合指标,基于市场失灵和税收激励理论,检验研发费用加计扣除对企业全要素生产率的影响效应。②基于技术创新理论、资源配置理论以及资源基础理论,从技术进步、资源配置效率和组织管理水平三方面探究研发费用加计扣除影响企业全要素生产率的作用机制。③基于协同理论、寻租理论及信息不对称理论,从要素市场发育程度、政府科研支持力度和"营改增"政策三方面分析研发费用加计扣除与相关环境要素影响企业全要素生产率的协同效应。④探讨企业产权性质(国有、非国有)、生命周期(初创期、成长期、成熟期)、要素密集度(技术密集、资本密集、劳动密集)等企业异质性下相关问题的差异性。

实证研究发现:①研发费用加计扣除的强度、可得性、持续性、普惠性以及整体政策效应能够有效促进企业全要素生产率的提高。在产权性质差异下,不管是国有企业还是非国有企业,研发费用加计扣除的实施均能有效提高企业全要素生产率,促进企业高质量发展。在企业生命周期差异下,研发费用加计扣除对处于成长期和成熟期的企业的全要素生产率存在激励效应。在要素密集度差异下,通过组间系数差异分析发现,在资本密集型企业中,研发费用加计扣除对企业全要素生产率的激励效应更明显,说明研发费用加计扣除的减税效应确实能为企业提供一定的资金支持。②技术进步、资源配置效率和组织管理水平在研发费用加计扣除与企业全要素生产率的关系中都能够起到中介传导作用。对处于成长期的企业,技术进步具有完全中介效应;对非国有企业、处于成熟期的企业、资本密集型企业和技术密集型企业,技术进步、资源配置效率和组织管理水平在研发费用加计扣除与企业全要素生产率的关系中均发挥着中介效应。③要素市场发育程度越高、政府科研支持力度越大的地区,研发费用加计扣除对企业全要素生产率的激励效应越低;"营改增"政策与研发费用加计扣除具有较强的协同效应,共同促进企业全要素生产率的提高。在国有企业、技术密集型企业,要素市场发育程度的影响不显著,而政府科研支持力度对处于成长期企业的影响较大。在资本密集型企业,"营改增"政策与研发费用加计扣除政策协同作用更为明显。

  本书的创新主要体现在:①通过深入研究研发费用加计扣除的实施状况,定量分析研发费用加计扣除的强度、可得性、持续性和普惠性,根据相关特征构建了研发费用加计扣除的综合指标,为全面衡量、科学开展相关研究奠定了重要的理论基础,并丰富了研发费用加计扣除经济后果的研究文献。②明确了研发费用加计扣除对企业全要素生产率的影响效应及作用路径,揭示了研发费用加计扣除与企业全要素生产率提升的内在机制,克服了单一路径的研究不足,充实了税收激励机制的研究范畴,为企业提高核心竞争力和投资效率、优化组织管理水平提供了理论依据。③揭示了研发费用加计扣除与相关环境要素协同对企业全要素生产率产生影响的机制,深入剖析了市场和政府对研发费用加计扣除的协同效应,证实了市场的"有效"和政府的"有为",为政府部门制定相关政策、充分发挥市场在资源配置中的决定作用、营造有利于研发费用加计扣除促进企业全要素生产率提高的外部环境及纠正市场失灵提供经验证据。

  本书可作为读者分析研发费用加计扣除政策实施效果的参考用书。由于作者知识背景和实践经验有限,书中难免存在缺陷和谬误,恳请读者批评指正。

柳雅君
2024 年 3 月

目　　录

1　绪论 … 001
1.1　选题背景与研究意义 … 001
1.1.1　选题背景 … 001
1.1.2　研究意义 … 005
1.2　核心概念界定 … 007
1.2.1　研发费用加计扣除 … 007
1.2.2　企业全要素生产率 … 010
1.2.3　环境协同 … 011
1.2.4　企业异质性 … 012
1.3　研究目的与研究内容 … 013
1.3.1　研究目的 … 013
1.3.2　研究内容 … 013
1.4　研究思路与研究方法 … 016
1.4.1　研究思路 … 016
1.4.2　研究方法 … 017
1.5　研究创新点 … 019

2　理论基础和文献回顾 … 021
2.1　理论基础 … 021
2.1.1　研发费用加计扣除相关理论 … 021
2.1.2　企业全要素生产率相关理论 … 022
2.1.3　环境协同相关理论 … 025

2.2 文献回顾 · 028
    2.2.1 研发费用加计扣除的测度研究 · · · · · · · · · · · · · · · · · · · 028
    2.2.2 研发费用加计扣除的经济后果研究 · · · · · · · · · · · · · · · 029
    2.2.3 企业全要素生产率的税收影响研究 · · · · · · · · · · · · · · · 033
    2.2.4 企业全要素生产率的非税收影响研究 · · · · · · · · · · · · 036
    2.2.5 文献评述 · 041

3 研发费用加计扣除的制度背景及实施现状 · · · · · · · · · · · · · · · · · 044
3.1 研发费用加计扣除的制度背景 · 044
    3.1.1 研发费用加计扣除的政策变迁 · · · · · · · · · · · · · · · · · · · 044
    3.1.2 研发费用加计扣除实施效果的评价标准 · · · · · · · · · · 047
3.2 研发费用加计扣除的实施现状 · 049
3.3 小结 · 054

4 研发费用加计扣除对企业全要素生产率的影响效应 · · · · · · · · · 055
4.1 理论分析与假设提出 · 055
4.2 研究设计 · 057
    4.2.1 样本选择与数据来源 · 057
    4.2.2 变量选取与测度 · 058
    4.2.3 实证模型设计 · 060
4.3 实证检验 · 061
    4.3.1 描述性统计 · 061
    4.3.2 相关性分析 · 063
    4.3.3 实证结果分析 · 065
    4.3.4 稳健性检验 · 067
4.4 企业异质性分析 · 077
    4.4.1 产权性质异质性 · 078
    4.4.2 生命周期异质性 · 080
    4.4.3 要素密集度异质性 · 082

4.5 小结 ·· 085

5 研发费用加计扣除影响企业全要素生产率的作用路径 ············· 087
5.1 理论分析与假设提出 ·· 087
5.1.1 研发费用加计扣除、技术进步与企业全要素生产率 ··· 087
5.1.2 研发费用加计扣除、资源配置效率与企业全要素生产率 ··· 088
5.1.3 研发费用加计扣除、组织管理水平与企业全要素生产率 ··· 089
5.2 研究设计 ·· 091
5.2.1 变量选取与测度 ·· 091
5.2.2 实证模型设计 ·· 093
5.3 实证检验 ·· 094
5.3.1 描述性统计 ·· 094
5.3.2 相关性分析 ·· 095
5.3.3 实证结果分析 ·· 095
5.3.4 稳健性检验 ·· 099
5.4 企业异质性分析 ·· 120
5.4.1 产权性质异质性 ·· 120
5.4.2 生命周期异质性 ·· 130
5.4.3 要素密集度异质性 ·· 130
5.5 小结 ·· 140

6 研发费用加计扣除、环境协同与企业全要素生产率 ················· 151
6.1 理论分析与假设提出 ·· 151
6.1.1 研发费用加计扣除、要素市场发育程度与企业全要素生产率 ··· 151
6.1.2 研发费用加计扣除、政府科研支持力度与企业全要素

　　　　　生产率 ……………………………………………… 153
　　6.1.3 研发费用加计扣除、"营改增"政策与企业全要素
　　　　　生产率 ……………………………………………… 155
6.2 研究设计 ……………………………………………………… 157
　　6.2.1 变量选取与测度 ………………………………………… 157
　　6.2.2 实证模型设计 …………………………………………… 158
6.3 实证检验 ……………………………………………………… 159
　　6.3.1 描述性统计 ……………………………………………… 159
　　6.3.2 相关性分析 ……………………………………………… 160
　　6.3.3 实证结果分析 …………………………………………… 160
　　6.3.4 稳健性检验 ……………………………………………… 164
6.4 企业异质性分析 ……………………………………………… 177
　　6.4.1 产权性质异质性 ………………………………………… 177
　　6.4.2 生命周期异质性 ………………………………………… 181
　　6.4.3 要素密集度异质性 ……………………………………… 186
6.5 小结 …………………………………………………………… 192

7 研究结论、政策建议与研究展望 …………………………………… 194
7.1 研究结论 ……………………………………………………… 194
　　7.1.1 研究工作 ………………………………………………… 194
　　7.1.2 相关结论 ………………………………………………… 195
7.2 政策建议 ……………………………………………………… 196
　　7.2.1 企业层面 ………………………………………………… 196
　　7.2.2 政府层面 ………………………………………………… 198
7.3 研究展望 ……………………………………………………… 199

主要参考文献 …………………………………………………………… 201

● 后记 …………………………………………………………………… 221

1 绪　　论

1.1 选题背景与研究意义

1.1.1 选题背景

党的十九大报告指出:"我国经济已由高速增长阶段转向高质量发展阶段",贯彻新发展理念,建设现代经济体系,"必须坚持质量第一、效益优先,以供给侧结构性改革为主线,推动经济发展质量变革、效率变革、动力变革,提高全要素生产率"[①],可见,推动经济高质量发展,亟需寻找经济增长新动能,从要素驱动转向创新驱动,进一步提高资源配置效率。作为推动"三大变革"的新动能和核心动力源泉,提升全要素生产率成为驱动微观企业与宏观经济可持续发展的重要途径。"十四五"时期经济社会发展要以深化供给侧结构性改革为主线,需要依靠全要素生产率的提升推动我国社会生产力水平实现整体跃升。因此,对提升全要素生产率的每一个关键点进行科学谋划与精准施策,实现经济增长动能转换和推动经济高质量发展,成为当前政府工作和企业发展的重点。

在经济发展的过程中,企业是市场经济的主体,提升国民经济效率、转变

---

① 习近平. 决胜全面建成小康社会 夺取新时代中国特色社会主义伟大胜利:在中国共产党第十九次全国代表大会上的报告[EB/OL]. (2017-10-27)[2024-03-20]. http://news.cnr.cn/native/gd/20171027/t20171027_524003098.shtml.

经济增长模式这个使命,归根结底需要通过企业来完成。因此,推动企业全要素生产率提升,关系到经济发展的质量、效率与动力的变革与提升,这是我国经济顺利转型发展的坚实基础(张广胜和孟茂源,2020)。由图 1-1 可知,2008—2019 年,我国国有企业全要素生产率年度均值从 14.792 增长到 15.456,非国有企业全要素生产率年度均值从 14.375 增长到 14.884。无论是国有企业还是非国有企业,企业全要素生产率水平都在提高,与上市公司整体企业全要素生产率稳步提升的态势保持一致。每年国有企业全要素生产率年度均值均高于非国有企业全要素生产率年度均值,成为推动微观主体全要素生产率提升的中坚力量。贯彻落实党的十九大部署,提高企业全要素生产率,进而实现我国经济的可持续增长势在必行。

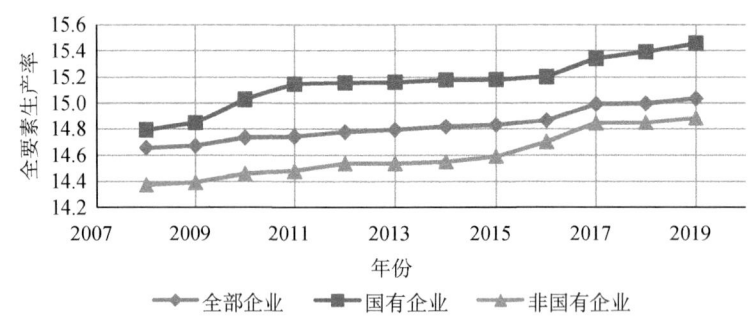

图 1-1 上市公司企业全要素生产率年度变化趋势

资料来源:由作者根据 WIND 和 CSMAR 数据库的数据绘制。

为此,我国陆续出台并完善了一系列促进企业高质量发展的政策。其中,研发费用加计扣除有效地推动了经济增长方式转变和企业经济效益提高,被认为是最有效的税收激励措施之一。研发费用加计扣除在我国的实施始于 1996 年,其后政策内容陆续经历了多次调整:2008 年国务院将研发费用加计扣除政策以法律形式予以确认;2013 年财政部、国家税务总局将研发费用加计扣除政策试点推广至全国;2015 年企业研发活动及费用的范围放宽,税务处理简化;2017 年,科技型中小企业享受研发费用加计扣除比例提升至 75%;2018 年研发费用加计扣除比例为 75% 的政策覆盖到所有企业。

2021年3月15日召开的国务院常务会议上,李克强更是强调要更好发挥财政金融政策作用,并部署实施提高制造业企业研发费用加计扣除比例的政策。进一步地,财政部与国家税务总局联合发布《关于进一步完善研发费用税前加计扣除政策的公告》(财政部 税务总局公告2021年第13号),将制造业企业研发费用加计扣除比例提升至100%,由此企业研发费用加计扣除迅速成为纳税人关注的热点。由图1-2可知,上市公司研发费用加计扣除金额年度均值已经从2008年的37 374.04万元上升至2019年的544 112.8万元,企业享受研发费用加计扣除的额度稳步上升。其中,国有企业研发费用加计扣除金额年度均值从41 123.66万元增长到840 694.2万元,非国有企业研发费用加计扣除金额年度均值从28 773万元增长到437 713.3万元,说明国有企业研发费用加计扣除金额年度均值要高于非国有企业,由此亦可说明研发费用加计扣除已得到广泛应用。在经济增速下降、人口红利消失的宏观经济背景下,研发费用加计扣除等税收优惠政策预期将在未来一段时间成为助力中国经济发展的制度红利(孙正等,2020)。

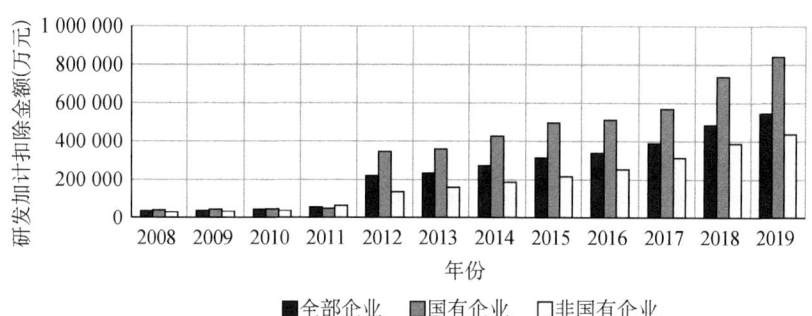

图1-2 上市公司研发费用加计扣除金额年度均值变化趋势

资料来源:由作者根据WIND和CSMAR数据库的数据绘制。

同时,学术界对税收优惠政策能否有效提升企业全要素生产率这一问题展开了研究,结论却并不一致。一些研究认为,税收优惠政策可促进企业全要素生产率提升,理由在于:其一,税收优惠降低了企业负担,增加了要素市场上劳动、资本的供给,推动了产业结构优化升级与全要素生产率提升,实现了经济的高质量的发展;其二,企业税收负担下降增加了经营现金流,缓解了融资约束(申广军等,2016;吴辉航等,2017;Moll,2014);其三,低税率使创业成本下降,企业家预期创业会获得较好的回报,因而会有较强的创业动机(Evans 和 Leighton,1989),即税收优惠政策可提高创业活跃度,增强经济活力,激励企业进一步创新(Hall 和 Mairesse,1995),传递良好信号(Criscuolo等,2019);其四,税收优惠政策还可通过优化产业结构来促进经济集聚,进而推动企业生产效率提升。另一些研究认为,税收优惠政策会阻碍企业全要素生产率提升,理由在于:其一,税收优惠政策降低了财政收入,由此可能会降低公共产品供给水平,进而降低经济增长速度(马拴友,2001);其二,部分企业只是利用税收优惠进行盈余管理以在一定程度上实现避税,而并未进行真正的研发投入以提高企业全要素生产率(Lee,1996;江希和和王水娟,2015;胡华夏等,2017;Tzelepis 和 Skuras,2004)。

上述分歧背后的原因主要有以下几点。一是已有文献对税收优惠政策的研究过于宽泛,忽略了研发费用加计扣除等具体税收优惠政策的个别效应;二是企业全要素生产率是要素投入转化为产出的总体效率,已有文献虽然对技术进步进行了中介效应检验,但忽略了效率水平以及生产中的公司治理策略和管理技能等各种因素(鲁晓东和连玉君,2012);三是已有文献对企业全要素生产率影响的环境调节效应的分析仅从市场环境角度进行,忽略了政府环境的影响。因此,研发费用加计扣除对企业全要素生产率的影响还有待进一步研究。

基于上述分析,本书拟在明确研发费用加计扣除对企业全要素生产率的影响效应及作用路径的基础上,分析相关环境要素的协同作用,讨论企业异质性条件下的不同影响效用,并构建研发费用加计扣除多维测度指标体系,推动税收优惠政策的有效实施。本书的研究结论将有助于企业充分利用研发费用加计扣除的积极效应,并协同相关环境要素优化资源配置效率,进而提高企业全要素生产率,推动我国经济的高质量发展。

1.1.2 研究意义

本书探讨了研发费用加计扣除对企业全要素生产率的影响,并进一步探寻其作用路径以及相关环境要素的协同效应。其意义主要包括以下几个方面。

1) 理论意义

第一,选取研发费用加计扣除多维度特征,深化对企业全要素生产率动因的理论认知。

全面、科学地刻画政策应用情况是评价政策有效性的基础,决定了政策经济后果研究结论的可靠性,同时为改进政策实施提供思路。仅仅采用 DID(双重差分法)模型或者研发费用加计扣除强度无法全面衡量研发费用加计扣除的实施效果,综合评价才是科学决策的基础(张涛,2020)。因此,本书通过对减税降费政策的针对性、持续性以及政策力度等特征分析,充分利用研发费用加计扣除金额、企业享受研发费用加计扣除的持续性、研发费用加计扣除金额在应纳税所得额中的占比以及政策内容的适用范围等数据,从研发费用加计扣除的强度、可得性、持续性和普惠性四个维度构建研发费用加计扣除测度指标体系,综合衡量研发费用加计扣除实施情况。因此,本书通过全面测度研发费用加计扣除,清晰地揭示了研发费用加计扣除激励效果的作用机理,为后续研发费用加计扣除的研究奠定良好的理论基础。

第二,建立"研发费用加计扣除—技术进步、资源配置效率、组织管理水平—企业全要素生产率"的理论分析框架。

税收优惠政策对于激发企业创新活力、推动经济高质量发展具有重要影响。作为税收优惠政策中重要措施之一的研发费用加计扣除,对于降低企业税收成本、加大创新投入、减少非效率投资、促进企业全要素生产率提升具有重要意义。本书在梳理了相关文献、剖析研发费用加计扣除制度背景和实施现状的基础上,根据市场失灵理论和税收激励理论,揭示了研发费用加计扣除对企业全要素生产率的提升作用;根据经济增长理论、技术创新理论、资源配置理论和资源基础理论,探讨技术进步、资源配置效率和组织管理水平的作用路径,深化研发费用加计扣除影响企业全要素生产率的内在机理,并在此基础上,进一步考察企业异质性下相关问题的差异性,为优化研发费用加计扣除提供了有力的经验证据。同时,本书能够深化税收激励理论和经济增长理论在政策经济后果中的嵌入机理研究,丰富研发费用加计扣除的经济后果和企业全要素生产率的影响因素研究文献。

第三,丰富相关环境要素对研发费用加计扣除促进企业全要素生产率协同效应的相关理论研究。

在企业全要素生产率提升过程中,充分发挥环境要素的监督效应,对强化研发费用加计扣除对企业全要素生产率的影响至关重要。研发费用加计扣除与要素市场发育程度、政府科研支持力度和"营改增"政策等相关环境要素的协同对企业全要素生产率的影响研究,不仅深化了研发费用加计扣除与企业全要素生产率的情境机制,为市场有效运行及政府根据协同效应作出相应策略提供了有力的经验证据,而且进一步完善了资源配置理论,丰富了有关要素市场发育程度、政府科研支持力度和"营改增"政策影响研究的文献。

2) 现实意义

第一,可为企业充分利用研发费用加计扣除的积极效应提供指导意义。

本书基于2007—2019年A股上市公司数据,分析并检验了研发费用加计扣除对企业全要素生产率的提升作用,并根据企业全要素生产率的影响因素,探讨了技术进步、资源配置效率和组织管理水平的中介效应。这一结论有助于指导企业积极开展研发创新活动,提高科技成果转化率,优化企业投资效率,减少非效率投资行为,并强化企业内部控制制度,营造良好的内部环境,进而提高企业全要素生产率。

第二,可为企业进一步明确研发费用加计扣除的实施效果提供环境支撑。

要使政策有效发挥其作用,不仅要明确其经济效应的内在机理,而且要合理分析并充分运用相关环境的影响。因此,如何提高相关环境要素的协同效应,也是企业关注的重点话题。党的十九届五中全会指出,要坚持和完善社会主义基本经济制度,充分发挥市场在资源配置中的决定性作用,更好发挥政府作用,推动有效市场和有为政府更好结合。因此,本书在探讨研发费用加计扣除对企业全要素生产率的影响效应和作用机制的基础上,结合信息不对称理论、寻租理论及协同理论,分析并检验了要素市场发育程度、政府科研支持力度和"营改增"政策对两者关系的影响,有利于发挥市场的"有效性"和政府的"有为性",为改进企业资源配置效率、提升企业全要素生产率提供了经验证据。

第三,有利于政府了解研发费用加计扣除的实践效果,适时调整和完善研发费用加计扣除政策。

政府作为创新活动的参与主体,扮演着政策制定、研发资助等重要角色,可以通过"看得见的手"优化资源配置效率。政府有为则推动市场有效,政府通过制定相应的制度政策,营造公平的营商环境,激发市场主体的创新精神,促进企业全要素生产率的提升。本书的经验证据表明:要素市场发育程度越高,研发费用加计扣除对企业全要素生产率的政策效果越差;政府科研支持力度越大,研发费用加计扣除对企业全要素生产率的挤出效应越明显;"营改增"政策与研发费用加计扣除有较强的协同作用,能共同促进企业全要素生产率的提高。上述研究发现为政府优化税收优惠政策,提高政策协调性和有效性,更好地形成政策合力,充分发挥促进企业全要素生产率提升的制度红利提供了理论支持和经验证据。

1.2 核心概念界定

1.2.1 研发费用加计扣除

1) 研发费用的概念

研发费用可从三个角度进行概念界定:一是会计核算角度,由《财政部关于企业加强研发费用财务管理的若干意见》(财企〔2007〕194号)规范;二是高新技术企业认定角度,由《科技部 财政部 国家税务总局关于修订印发〈高新技术企业认定管理工作指引〉的通知》(国科发火〔2016〕195号)规范;三是加计扣除税收规定角度,由《财政部 国家税务总局 科技部关于完善研究开发费用税前加计扣除政策的通知》(财税〔2015〕119号)和国家税务总局公告2015年第97号(以下简称"97号公告")、国家税务总局公告2017年第40号(以下简称"40号公告")规范。本书选择从加计扣除税收规定角度进行概念界定,加计扣除税收规定的研发费用加计扣除范围如表1-1所示。

表1-1 研发费用加计扣除范围

研发费用扣除项目	具体内容
人员人工费用	企业雇佣的直接从事研发活动人员的工资支出、"五险一金"支出,以及外聘研发人员的劳务支出
直接投入费用	(1) 研发活动直接耗用的材料、燃料和动力费用 (2) 在研发活动试验和试制阶段耗用的设备开发费用,不构成固定资产的样品、样机及一般测试手段的购置费,试制产品的检验费 (3) 用于研发活动的仪器、设备的运行维护、调整、检验、维修等费用,以及通过经营租赁方式租入的用于研发活动的仪器、设备租赁费
折旧费用	用于研发活动的仪器、设备的折旧费
无形资产摊销	用于研发活动的软件、专利权、非专利技术的摊销费用
设计试验等费用	新产品设计费、新工艺规程制定费、新药研制的临床试验费、勘探开发技术的现场试验费
其他相关费用	(1) 与研发活动直接相关的其他费用,如技术图书资料费、资料翻译费、专家咨询费、研发保险费,成果的检索、评议、鉴定、验收费,知识产权的申请费、注册费等。此项费用总额不得超过可加计扣除研发费用总额的10% (2) 财政部和国家税务总局规定的其他费用

资料来源:财税〔2015〕119号文件。

2）研发费用的费用化支出和资本化支出

研发支出指的是企业在研发活动中所发生的所有要素的消耗,即研发费用加计扣除政策中的研发费用。根据《企业会计准则第6号——无形资产》的规定,企业内部开发的无形资产,一般要经过研究和开发两个阶段。

研究阶段,是指为了取得和掌握新的科学知识或技术能力而展开的调查分析时期,这一阶段的工作一般是探索性和计划性的。根据企业会计准则的要求,企业开展的研发项目在研究阶段的支出,应当在发生时作为费用化支出,计入当期损益。

开发阶段,是指把研究阶段形成的技术或知识应用到某项开发计划或项目中,期望通过该计划或项目,形成新的产品、部件、材料等,以便进行商业化经营的时期。这一阶段的工作应当更具针对性,产出具体成果的概率较高。根据企业会计准则的要求,企业开展的研发项目在开发阶段的支出,应当在发生时将符合计入无形资产成本的部分进行资本化处理,将不符合资本化条件的部分进行费用化处理,计入当期损益。

3）研发费用加计扣除

(1) 研发费用加计扣除的含义。研发费用加计扣除属于税收优惠政策的类别,即在企业应纳税所得额中,不仅要扣除研发费用的实际发生额,还能再加计50%、75%或100%对其进行扣除。《中华人民共和国企业所得税法》第三十条所称研究开发费用的加计扣除,是指企业为开发新技术、新产品、新工艺发生的研究开发费用,未形成无形资产计入当期损益的,在按照规定扣除的基础上,按照研究开发费用的50%加计扣除;形成无形资产的,按照无形资产成本的150%摊销。根据《财政部　国家税务总局　科技部关于提高研究开发费用税前加计扣除比例的通知》(财税〔2018〕99号)的最新规定,在2018年1月1日到2020年12月31日,研发费用按照实际发生额的75%在税前加计扣除;形成无形资产的,在上述期间按照无形资产成本的175%在税前摊销。《财政部　国家税务总局关于进一步完善研发费用税前加计扣除政策的公告》(财税2021年第13号)进一步规定制造业企业开展研发活动中实际发生的研发费用,未形成无形资产计入当期损益的,在按规定据实扣除的基础上,自 2021 年 1 月 1 日起,再按照实际发生额的 100% 税前加计扣除;形成无形资产的,自 2021 年 1 月 1 日起,按照无形资产成本的 200% 在税前摊销。

(2) 研发费用加计扣除多维测度指标体系。为了更加全面地反映研发费用加计扣除的实施效果,本书构建研发费用加计扣除多维测度指标体系,这一体系主要由研发费用加计扣除的强度、可得性、持续性和普惠性构成。研发费用加计扣除的强度,是指研发费用加计扣除实施企业可以扣除的额度,主要体现为每年企业因享受政策可抵减的税额占总资产的比重;研发费用加计扣除的可得性,是指企业享受研发费用加计扣除的额度在当年被有效扣除的程度,主要体现为企业研发费用加计扣除额占应纳税所得额与研发费用加计扣除额之和的比重;研发费用加计扣除的持续性,是指研发费用加计扣除可被企业连续使用,主要体现为企业当年是否持续享受该税收优惠政策;研发费用加计扣除的普惠性,是指研发费用加计扣除的适用范围,主要体现为可享受研发费用加计扣除的企业范围的扩大、费用归集口径的拓宽等。本书采用主成分分析法确定研发费用加计扣除政策的综合指标。

1.2.2 企业全要素生产率

全要素生产率(total factor productivity,TFP)是指总产出中排除要素投入影响后的部分(Solow,1956),是衡量生产效率的核心指标。国内外学者从不同角度分析了影响企业全要素生产率的因素(Farrell,1957;Kumar 和 Russell,2002;盛明泉和蒋世战,2019)。企业全要素生产率可以揭示企业中难以追溯到有形要素投入中的那部分产出,并能反映企业基于市场行情配置相关生产要素,应对资本市场信息变化的能力,进而有效衡量企业综合实力。一般来讲,企业全要素生产率是相对于单要素生产率而言的。单要素生产率反映企业单个特定生产要素的投入产出比,但企业在实际生产过程中需要多种要素共同作用才能满足生产条件,Brandt 等(2012)将企业全要素生产率运用到企业层面,并通过计算企业全要素生产率来衡量相关企业发展水平。本书在理论分析以及实证检验过程中所涉及的均为企业全要素生产率。

从要素层面对企业全要素生产率进行分解的研究认为,技术进步是影响企业全要素生产率的关键因素(Aigner 和 Chu,1968;蔡昉等,2018),但并非是全部因素。Bollard 等(2013)、聂辉华和贾瑞雪(2011)认为企业全要素生产率增长的主要源泉是企业效率的提升,除此之外,企业对资源的利用以及管理技能等各种因素也会对企业全要素生产率产生重要影响(鲁晓东和连玉君,2012;程惠芳和陆嘉俊,2014)。因此,本书对企业全要素生产率的提升路径的分析从技术进步、资源配置效率提升和组织管理水平提高三个方面展开。

1.2.3　环境协同

协同,从概念上来讲,是指并存的多个权利中心或服务中心,如政府与市场、国家和社会等多部门、多主体为了完成共同的任务和目标共同参与行动,形成合作关系(哈肯,1989)。政策实施的有效性必然受到外部环境的影响。因此,本书提出的环境协同是指各主体为了实现政策目标,以相应的市场、政府等外部环境作为保障,以共识为导向,通过交流、协作等方式,充分发挥政策与相关环境要素的协同作用,以实现政策效力最大化的过程。

中国共产党第十九届中央委员会第五次全体会议提出,要坚持和完善社会主义基本经济制度,充分发挥市场在资源配置中的决定性作用,更好发挥政府作用,推动有效市场和有为政府更好结合。我国经济面临结构调整、效率提升、动力转换等多重艰巨任务,需要协调好市场与政府的关系,辩证分析政府和市场的作用和角色,将二者统一于高质量的发展过程中,进而构建成熟的社会主义市场经济体制(郑尚植和赵雪,2020)。市场经济发育程度通常用要素市场发育程度来衡量,一般来讲,要素市场发育程度的高低,决定了要素资源配置效率的高低。因此,本书选择要素市场发育程度作为市场环境协同的衡量指标，探究市场环境的协同效应，体现市场的有效性。财政政策是政府宏观调控的重要手段，财政补贴又是重要的财政政策，政府科研支持力度会直接影响到研发费用加计扣除与企业全要素生产率；此外，政府的税收优惠政策可直接影响企业的经济行为（杨莎莉等，2019），"营改增"政策是税收优惠的重大举措。因此，本书选择政府科研支持力度和"营改增"政策作为政府有为性的衡量指标，探究政府环境的协同效应。

1.2.4　企业异质性

异质性（heterogeneity）一词最早用于生态、遗传等学科，一般指在特定群体中个体的特征差异程度与多样性。异质性反映了群体中个体特征的分布情况（李端生，2019）。通常而言，个体特征差异程度越大，个体分布越分散，则异质性越高；而个体特征差异程度越小，多样性越不明显，则异质性越低。新古典经济学假定，人是理性的，企业追求利润最大化，市场是存在的，信息是对称的，并认为企业是一个投入—产出生产函数，在一定的技术条件以及完全竞争市场条件下，企业是同质化的生产者。但是，企业的持续变迁才是实际经济活动的本质特征，因此企业具有异质性。根据企业理论，企业异质性主要是指企业和企业之间存在着一定的差异性，一般体现在企业所有权、资本密集度、技术密集度、成立时间、登记注册类型、所处区域、所处行业、人力资本水平、生产运作方式、企业规模等多个方面。其中，企业产权性质（国有、非国有）、企业生命周期（初创期、成长期、成熟期）、企业要素密集度（技术密集、资本密集、劳动密集）反映了企业的性质、所处阶段与生产运作方式，是企业异质性的重要表现。根据"羊群效应"，处于同一阶段的企业可以认为是一类"羊群"，会有一些相似的经营决策。因此，探究研发费用加计扣除对企业全要素生产率的影响效应在企业性质、生命周期与要素密集度等方面的异质性，对完善研发费用加计扣除政策、提高其对企业全要素生产率的正向激励效应，具有重要意义。

1.3 研究目的与研究内容

1.3.1 研究目的

本书围绕"研发费用加计扣除与企业全要素生产率"这一主题展开研究，探索研发费用加计扣除对企业全要素生产率的影响效应以及作用机制，以及相关环境要素对两者关系的调节作用，为如何更好地实施研发费用加计扣除政策、优化相关环境要素、促进企业全要素生产率提升提供理论基础和经验数据。本书具体目标如下：

（1）建立科学衡量研发费用加计扣除的理论模型，为实证研究研发费用加计扣除的经济效应提供理论依据。全面评价政策实施的有效性，从多维度出发构建研发费用加计扣除的综合指标，克服已有研究中对研发费用加计扣除有效性测度方法不科学而导致研究结论不统一的问题，进而完善政府税收优惠政策。

（2）全面分析研发费用加计扣除对企业全要素生产率的影响效应及作用路径，以及产权性质、企业生命周期和要素密集度等企业异质性对两者关系的影响，揭示研发费用加计扣除对企业全要素生产率的影响现状，为政府完善研发费用加计扣除政策提供理论依据。

（3）准确揭示研发费用加计扣除与环境协同影响企业全要素生产率的机制，同时验证企业异质性下的不同调节效应，揭示研发费用加计扣除对企业全要素生产率影响形成的外部环境机制，为企业妥善处理市场环境和政府环境的关系、有效利用研发费用加计扣除政策提供理论依据。

1.3.2 研究内容

如前研究背景、目的和意义所述，研发费用加计扣除对企业全要素生产率的提升具有重要作用。基于现有的理论和需要解决的问题，本书的具体内容如下:首先,从研发费用加计扣除的强度、可得性、持续性和普惠性四个维度构建研发费用加计扣除测度指标体系,在此基础上分析并检验研发费用加计扣除对企业全要素生产率的影响效应,并进一步考察基础关系在不同产权性质、不同生命周期、不同要素密集度企业中的异质性表现;其次,在前述研究基础上,考察研发费用加计扣除提升企业全要素生产率的作用路径,检验技术进步、资源配置效率和组织管理水平的传导机制;最后,从要素市场发育程度、政府科研支持力度和"营改增"政策三个方面出发,考察研发费用加计扣除与环境协同影响企业全要素生产率的作用机理。本书的研究内容框架如图1-3所示。

图1-3 研究内容框架

资料来源:作者采用Visio软件绘制。

基于上述内容,本书遵循"提出问题→研究现状→理论分析→实证检验→得出结论"的逻辑,将各章节内容安排如下:

第1章为绪论。该章在对现实与理论背景进行分析的基础上,明确提出研究问题,并阐明研究意义,对研发费用加计扣除、企业全要素生产率、环境协同以及企业异质性等核心概念进行界定,说明本书的研究目的、研究内容与章节安排,同时介绍本书的研究思路和研究方法,并提出本书的创新点。

第2章为理论基础和文献回顾。本书研究的理论基础包括市场失灵理论、税收激励理论、经济增长理论、技术创新理论、资源配置理论、资源基础理论、协同理论、寻租理论和信息不对称理论。该章首先在充分论述为何将上述理论作为研究基础的同时,构建本书的理论分析框架,之后从研发费用加计扣除的测度、研发费用加计扣除的经济后果、企业全要素生产率的税收影响以及企业全要素生产率的非税收影响因素等四个方面依次对国内外研究现状进行分析,并进行客观评价,找出尚需完善和改进的方向,为本书的研究提供坚实的文献支撑。

第3章为研发费用加计扣除的制度背景及实施现状。该章主要介绍研发费用加计扣除政策的变迁轨迹及评价标准,分析研发费用加计扣除政策的实施现状,为后续的实证研究提供现实基础。

第4章为研发费用加计扣除对企业全要素生产率的影响效应。该章以市场失灵理论和经济增长理论为基础,分析研发费用加计扣除对企业全要素生产率的影响效应,构建研发费用加计扣除多维测度指标体系,全方位衡量企业研发费用加计扣除的实施状况,并通过多元线性回归实证检验研发费用加计扣除与企业全要素生产率的关系。在此基础上,本章进一步分析不同产权性质、不同生命周期以及不同要素密集度等企业异质性条件下两者关系是否存在差异。

第5章为研发费用加计扣除影响企业全要素生产率的作用路径。该章基于经济增长理论、技术创新理论、资源配置理论以及资源基础理论,从技术进步、资源配置效率与组织管理水平三个方面分析研发费用加计扣除对企业全要素生产率影响的作用路径。本章借助中介效应模型实证检验三种路径的中介效应,在此基础上进一步分析不同产权性质、不同生命周期以及不同要素密集度差异下的作用路径是否存在差异。

第6章为研发费用加计扣除、环境协同与企业全要素生产率。该章基于信息不对称理论、寻租理论和协同理论分析要素市场发育程度、政府科研支持力度和"营改增"政策相关环境要素对研发费用加计扣除与企业全要素生产率关系的影响,并通过引入交乘项进行调节效应的实证检验,进一步分析不同产权性质、不同生命周期以及不同要素密集度差异下相关环境要素的影响是否存在差异。

第7章为研究结论、政策建议与研究展望。该章对实证分析结果进行总结,形成本书研究结论,并基于研究结论分别为企业和政府提出具有可操作性的政策建议。本章同时指出本书研究可能存在的问题以及后续研究的方向和内容。

1.4　研究思路与研究方法

1.4.1　研究思路

本书选取2007—2019年深沪A股上市公司为研究样本,在采用主成分分析法构建研发费用加计扣除综合指标的基础上,基于市场失灵理论、税收激励理论、经济增长理论、技术创新理论、资源配置理论、资源基础理论、协同理论、寻租理论和信息不对称理论,首先检验研发费用加计扣除对企业全要素生产率的影响效应;接着从技术进步、资源配置效率和组织管理效率三个方面出发,考察研发费用加计扣除影响企业全要素生产率的作用路径;最后从要素市场发育程度、政府科研支持力度、"营改增"政策三个方面出发,考察研发费用加计扣除与相关环境要素协同影响企业全要素生产率的作用机理。本书的研究思路及方法如图1-4所示。

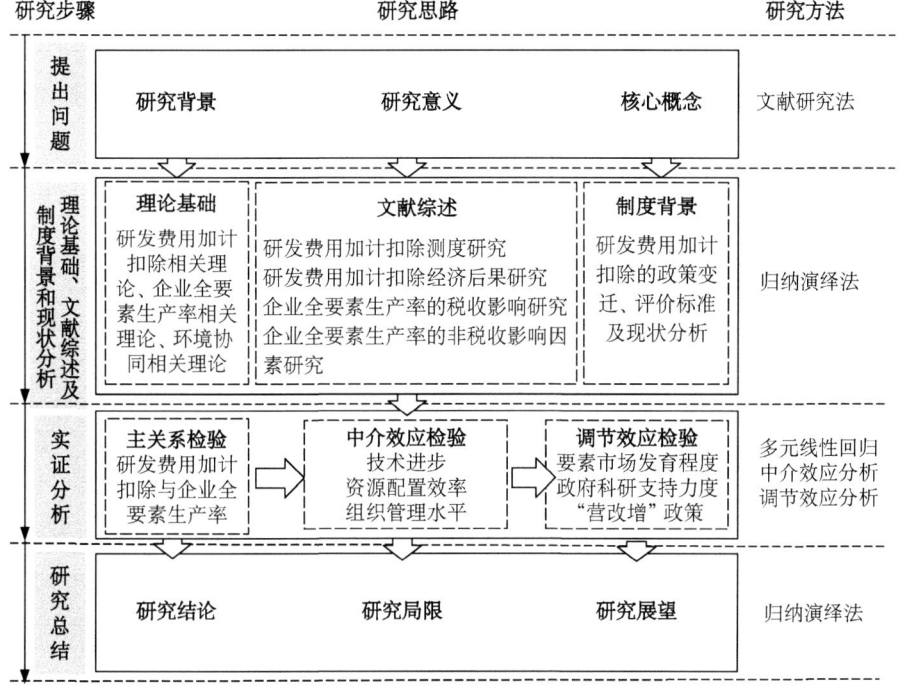

图 1-4 研究思路及方法

资料来源:作者采用 Visio 软件绘制。

1.4.2 研究方法

为了更好地实现本书的研究目标,深入剖析研发费用加计扣除是否以及如何促进企业全要素生产率提升,本书综合运用规范研究法与实证研究法,一方面,使用文献研究法与归纳演绎法进行了文献综述,并搭建了理论框架;另一方面,采用多元线性回归法实证检验了研发费用加计扣除与企业全要素生产率的关系,具体如下。

1)文献研究法与归纳演绎法

本书在对国内外相关文献进行系统查阅的基础上,全面梳理研发费用加计扣除的测度及实施效果、企业全要素生产率的影响因素以及企业全要素生产率的税收激励效应等相关文献,分析现有文献的贡献及不足,为本书研究提供文献支撑。同时,本书结合研发费用加计扣除在我国的实施状况,对市场失灵理论、税收激励理论、经济增长理论、技术创新理论、资源配置理论、资源基础理论、信息不对称理论、寻租理论以及协同理论进行归纳总结,构建本书的理论结构框架,为本书的研究提供了理论支撑。

2) 实证分析法

在研究中,本书采用了以下实证方法。

第一,多元线性回归法。本书采用多元线性回归法分析研发费用加计扣除的强度、可得性、持续性、普惠性以及整体政策的实施对企业全要素生产率的影响。

第二,两阶段最小二乘法(2SLS)模型。反向因果关系是研发费用加计扣除实施的内生性问题之一,因此本书借鉴王立平和余小婷(2020)的研究,采用两阶段最小二乘法模型进行稳健性检验。其中,基于相关性和外生性要求,通常从宏观制度中寻找工具变量(王曾等,2014),本书选择研发费用加计扣除的行业均值作为工具变量进行稳健性检验。

第三,双重差分法(DID)。为了更好地推断研发费用加计扣除对企业全要素生产率影响的因果效应,本书借鉴吴秋生和王婉婷(2020)、熊波和杜佳琪(2020)的研究,运用政策评价常用的双重差分法进行验证。具体而言,本书将研发费用加计扣除实施年度为 2015 年之前的年份定义为 0,将 2015 年及之后的年份定义为 1,进一步推断研发费用加计扣除对企业全要素生产率影响的因果效应。

第四,双重差分倾向得分匹配(PSM - DID)模型。本书考虑样本选择偏差问题,借鉴熊波和杜佳琪(2020)的研究,采用双重差分倾向得分匹配模型,控制不可观测但不随时间变化的样本组间差异(蒋长流等,2020),进行稳健性检验。

第五,中介效应模型。为了检验技术进步、资源配置效率与组织管理水平三种路径在研发费用加计扣除对企业全要素生产率影响中的传导作用,本书采用了温忠麟等(2004)、Zhao 等(2010)、Sobel(1982,1987)的逐步回归法和 Sobel 方法进行中介效应检验。

第六,调节效应模型。为了检验要素市场发育程度、政府科研支持力度、"营改增"政策等相关环境要素对研发费用加计扣除与企业全要素生产率关系的调节作用,本书引入交乘项进行调节效应实证检验。为检验企业异质性对研发费用加计扣除与企业全要素生产率关系的影响,本书采用分组回归进行调节效应检验。

1.5 研究创新点

本书的创新点包括以下几个方面。

1) 构建研发费用加计扣除综合测度指标,为全面衡量、科学开展相关研究奠定重要的理论基础

已有文献通常采用事件研究法、PSM 模型或 DID 模型,以是否享受研发费用加计扣除政策以及享受政策前后的差异测度研发费用加计扣除政策(Chen 等,2017;李新等,2019;王玺和刘萌,2020;刘晔和林陈聃,2021),或者选取研发费用加计扣除的金额(王登礼等,2018;寇明婷等,2019;万源星等,2020;高玥和徐勍,2020;崔也光和王京,2020;郭健等,2020)等方法进行相关研究。不同于以上方法,本书深入研究研发费用加计扣除的本质特征,定量分析研发费用加计扣除的力度、可得性、持续性和普惠性,并根据相关特征构建研发费用加计扣除综合测度指标体系,全面衡量税收优惠政策实施情况,为研究研发费用加计扣除促进企业全要素生产率提升提供新的视角。

2) 从技术进步、资源配置效率和组织管理水平出发,系统剖析研发费用加计扣除对企业全要素生产率的影响效应及作用路径

郭健等(2020)、任灿灿等(2021)通过分析实证得出研发费用加计扣除通过增加固定资产投资、鼓励企业技术创新等技术进步路径促进了企业全要素生产率的提升的结论。与之不同的是,本书深入研究研发费用加计扣除对企业全要素生产率的影响效应,全面剖析全要素生产率的影响因素,界定了技

术进步、资源配置效率和组织管理水平三条路径来解释研发费用加计扣除对企业全要素生产率的影响机制,揭示了研发费用加计扣除与企业全要素生产率正相关形成的内在机制,进而完善了对税收激励机制的研究,有效弥补了单一激励机制的不足,为企业强化核心竞争力、优化资源配置及提高组织管理水平提供了理论依据。

3)从要素市场发育程度、政府科研支持力度和"营改增"政策出发,全面考察研发费用加计扣除与环境协同对企业全要素生产率的影响机制

已有文献考察企业盈利能力、融资约束、要素密集度、单一环境制度、税率式优惠(郭健等,2020;薛钢等,2019)等单个因素对研发费用加计扣除政策与企业全要素生产率之间关系的调节作用,研究内容比较单一,没有全面系统阐述相关环境要素的协同效应。本书从要素市场发育程度、政府科研支持力度和"营改增"政策三个方面,深入剖析市场的"有效"、政府的"有为"对推动企业高质量发展的有效作用。这可为充分发挥市场在资源配置中的决定性作用,更好发挥政府作用,推动有效市场和有为政府更好结合,进而提升资源配置、优化效率,增强企业创新活力,以创新驱动高质量发展,加快构建新发展格局提供经验证据。

2 理论基础和文献回顾

2.1 理论基础

2.1.1 研发费用加计扣除相关理论

1）市场失灵理论

在"帕累托最优"条件下,西方经济学的市场理论认为,资源优化配置的实现依赖于完全竞争的市场,但是在实际运行过程中会出现资源配置的扭曲,这就是经济学中的"市场失灵"现象。市场失灵理论指出市场机制并不完美,往往容易出现市场竞争的失效、市场机制不能有效提供公共物品、资源配置的扭曲以及经济波动。造成市场失灵的首要原因是研发活动的公共品特性以及外溢性(Nelson,1959),公共物品具有非竞争与非排他的性质,研发活动则具有高风险和高收益的双重特性。研发创新活动面临着较大的市场风险,新产品是否能够研发成功以及市场是否接受新产品具有很大不确定性(胡卫,2006),研发活动的公共品特性使得研发主体的研发收益不能得到有效保障。因此,研发活动需要政府给予有效支持,以便激发企业的研发动力,使得创新企业不因研发活动的风险与知识外溢而失去研发动力,进而造成"市场失灵"。在市场经济条件下,政府给予企业研发费用加计扣除的税收优惠政策,能够降低企业税收成本,提高企业创新投入,减少非效率投资,促进企业生产正外部性的产品,优化资源配置,推动产业发展,有效纠正"市场失灵"。

2) 税收激励理论

企业研发创新等经营活动的外部性、不确定性以及高风险性,往往使得资源无法得到有效配置。为治理市场失灵,以政策激励为主的政府宏观调控手段显得尤为重要,因此,Nelson(1959)开展了技术创新政策探究。税收激励理论的奠基人是 Jorgenson(1963),其通过建立标准资本成本模型,开始研究相关税收政策与企业投资行为的联系。政府的税收激励政策,尤其是研发费用加计扣除的实施能够降低企业研发活动的税收成本,提高企业的留存收益,进一步刺激企业加大研发投资活动的支出,提高企业全要素生产率。Hall 和 Jorgenson(1976)进一步使用新古典最优资本理论探讨税收优惠政策在企业资本成本中占据的重要作用,分析了税收激励政策的重要作用。企业长期发展的重要举措是研发创新活动,而作为以收益最大化为目的的经营组织,企业的研发投入程度取决于投资成本。

我国税收优惠政策正在逐步完善和优化,本书研究的焦点,即研发费用加计扣除是我国税收优惠的主要举措之一,主要是指将企业所得税应纳税所得额中可扣除的研发支出发生额再加计一定比例(50%、75%或100%),以加计总额作为企业所得税额税前扣除的金额从应纳税所得额中予以扣除。因此,研发费用加计扣除可减少企业应纳税所得额,降低企业的税收成本,这意味着企业研发活动的资本成本由政府承担一部分,它能够鼓励企业加大创新投入,同时提高企业的留存收益,进一步刺激企业加大研发投资活动的支出,提高资源配置效率和组织管理水平,进而提高企业全要素生产率。因此,税收激励理论是研究研发费用加计扣除的理论基础,也是本书的理论基础之一。本书在税收激励理论的基础上,将研发费用加计扣除以及相关环境要素引入研究模型,揭示研发费用加计扣除与企业全要素生产率之间的内在机理。

2.1.2 企业全要素生产率相关理论

1) 经济增长理论和技术创新理论

提高全要素生产率是保持经济增长的动力源泉之一。经济增长理论经历了古典经济增长理论—新古典经济增长理论—新经济增长理论三个阶段。亚当·斯密(Adam Smith)在《国富论》中阐述了知识技术在经济增长中的作用。以罗伯特·默顿·索洛(Robert Merton Solow)和特雷弗·斯旺(Trevor Swan)为代表的新古典经济学派构建了新古典生产函数,他们认为经济持续增长取决于技术进步,但是技术进步只是外生变量。随后,新经济增长理论认为知识和技术进步应该内生化,其将技术进步、知识和人力资本引入经济增长模型,同时认为经济增长的关键因素是技术进步和人力资本。Romer(1986)构建了内生经济增长模型,将技术进步内生化,认为知识作为重要的生产要素促进了经济的长期增长。从新古典经济增长理论到新经济增长理论,这些理论都认为企业的技术进步能够推动经济的增长。进一步来看,政府的税收优惠政策能够刺激企业加大研发投入,促进企业的技术进步,进而推动经济高质量增长。具体来讲,研发费用加计扣除的实施能够减少企业的应纳税所得额,进而降低企业的税收成本。企业研发投入越高,税前可抵扣的金额就越高,企业的税收成本也就越低,越有助于激励企业积极进行创新研发活动。因此,研发费用加计扣除的实施能够有效促进企业加大创新活动投入,提高企业的技术进步,进而影响企业全要素生产率。

　　熊彼特(Schumpeter)在《经济发展理论》一书中首先提出了创新理论,指出创新或者说生产要素的新组合的出现推动了经济发展。随后,熊彼特又在《经济周期》和《资本主义、社会主义和民主主义》中对创新相关理论体系进行了完善。创新理论主要强调了企业家和创新科技对经济发展、社会进步的影响。根据经济学相关学者的结论,创新理论主要分为技术推动论、需求拉动论和政府政策驱动论。政府政策驱动论强调了政府的作用,即政府作为经济活动法规的制定者和监督者,其相关政策对整个资源配置和市场有着明显的导向作用。政府在宏观经济运行和微观企业行为中可能扮演"支持之手"的角色,其在"看不见的手"即市场失灵时,对宏观经济和微观企业活动进行适当的调控,可减少信息不对称等情况。税收优惠政策是政府宏观调控的有效手段,研发费用加计扣除的实施能够降低研发成本,促进企业增加研发投入,增强创新。经济增长理论侧重于技术进步对经济发展的影响,技术创新理论侧重于阐述创新是经济增长的动力,二者互为补充,为研究企业全要素生产率的影响因素问题奠定理论基础,也为研发费用加计扣除与企业全要素生产率的作用路径提供了依据。

2)资源配置理论

在研究资源配置的相关理论中,Samuelson(1948)基于 Keynes 和 Hicks(1936)提出的国家干预理论和 Marshall(1890)提出的自由市场机制,形成了一种调和国家干预和市场调节的资源配置二元论。此外,卡尔·马克思(1978)研究了稀缺性与交换价值二者的关系,认为资源配置是调节资源稀缺性的重要手段。Westmore(2013)则认为,在资源配置过程中,仅仅依靠市场手段是不够的,制度设计对资源配置影响很大,需要将市场与制度设计两种配置方式协调配合,才能实现资源配置效益的最大化。

企业全要素生产率的提升不仅受到技术进步以及规模效应的影响,而且也受到资源配置优化程度的重要影响(Hall 和 Jones,1999;Restuccia 和 Rogerson,2008)。盖庆恩等(2015)提出如果资源配置扭曲,就会影响企业的正常进入和退出行为,使得高生产率的企业无法有效进入市场,降低整个经济的全要素生产率。政府是调节资源配置的重要主体,研发费用加计扣除的实施是政府调节资源配置的重要举措,研发费用加计扣除可以优化企业资源配置效率、缓解企业资本错配问题。基于资源配置的相关理论引入投资效率为本书研究打下了重要的理论基础,有助于分析研发费用加计扣除与企业全要素生产率的作用路径。

3)资源基础理论

资源基础理论起源于 20 世纪 30 年代 Robinson(1933)对企业异质性的研究,以及 Chamberlin(1937)关于不完全竞争的讨论。Penrose(1959)研究认为企业是生产性资源集合体,可以为企业带来竞争优势。Wernerfelt(1984)认为,站在企业战略视角,传统的"产品"已难以成为企业的竞争优势,"资源"开始受到重视。从对企业竞争优势来源的认识出发,学界进一步将资源基础理论划分为资源观、能力观和知识观。资源基础理论既强调了资源与知识的重要性,也强调了获得资源与知识的能力的重要性,如组织员工学习、有效知识管理等。其中,资源不仅仅包括固定资产、流动资产等,也包括较高的管理水平和独特的管理方式。拥有核心竞争力的组织,能够对企业投资活动、生产活动、资金分配等活动进行有效控制,优化资本要素配置效率,提高企业全要素生产率。研发费用加计扣除政策赋予了企业更多自主选择权,符合政策的企业可以选择申报或者不申报研发费用加计扣除的税收优惠,这在很大程度上会倒逼企业提高组织管理水平,进而提高企业全要素生产率。因此,资源基础理论为本书充分考察将组织管理水平作为研发费用加计扣除对企业全要素生产率的作用路径之一提供了理论依据。

2.1.3 环境协同相关理论

1) 协同理论

协同理论最初由物理学家赫尔曼·哈肯(Hermann Haken)提出。协同理论指出,虽然整体内部各个子系统属性不同,但是它们之间存在相互影响并互相协作的关系(王力年和滕福星,2012)。从实践上来看,协同既可以从其与他人的合作中反映其深度,也可以从建立信任、环境和动机等协同必要条件反映其广度(桂慕文,2001)。协同效应是指各个子系统之间相互作用的集体效应。协同作用的发挥有赖于加强各个子系统中行为的协同预先防范,消除各部门的冲突和矛盾,按照整体系统的目标协同管理。协同理论具有普遍性特点,这一理论不仅可以用于发现更多复杂的规律,同时也能被应用于比较广泛的领域。企业、市场和政府组成一个完整的经济系统结构,各个主体之间协同发展,努力发挥各自的优势,实现整体经济的发展。研发费用加计扣除对企业全要素生产率的影响,必然会受到市场环境和政府环境的影响。提高企业相关环境要素的协同效应,有助于提高企业内部资源配置效率,提升组织管理水平。因此,协同理论为研究研发费用加计扣除与要素市场发育程度、政府科研支持力度和"营改增"政策等相关环境要素协同促进企业全要素生产率提升,并助推宏观经济高质量发展提供了不一样的理论视角和思维方式。

2) 寻租理论

寻租理论的核心思想是企业、个人等相关群体为了获取政府提供的资源或者市场中的高额收益,展开与生产经营无关的活动(Buchanan,1962;Tullock,1967;Krueger,1974)。寻租行为是为寻求利益而进行的非经营生产活动,这将给企业造成消极影响,干扰资源分配的公平性,对市场的正常运行产生负面影响(Bhagwati,1982)。同时,当企业致力于寻租行为时,其从事正常经营活动的精力和时间就会减少,从而抑制企业的高质量发展。某些具有政治背景的企业可能会通过不正当途径获取政府所给予的资源,甚至某些企业家可能会贿赂政府管理者,通过与其建立关系来影响政府政策的制定和实施,从而滋生腐败现象(Fan 等,2007;余明桂等,2010)。如此一来,资源的优化配置就没有得到合理的体现,进而导致政府的相关政策实施效果不尽如人意。政府科研支持是政府直接以财政补贴形式给予企业优惠和支持,企业会为了获取这些政策优惠而进行寻租行为,造成"资源诅咒"效应,也会造成其与研发费用加计扣除对企业全要素生产率影响的协同效应降低。因此,寻租理论为研究研发费用加计扣除与相关政策的环境协同效应提供了理论基础。

3) 信息不对称理论

信息不对称理论是指在同一市场内,交易双方由于所掌握的交易信息不同,拥有较多信息的一方比掌握信息较少的一方具有相对优势(Akerlof,1970)。一般情况下卖方比买方具有相对优势,这导致的最直接的负面影响就是市场参与者会不可避免地产生事前逆向选择问题和事后道德风险问题。逆向选择问题主要是指同一交易中,资源信息充分的一方为了获取额外的收益而隐瞒相关信息,资源信息不充分的一方则由于无法准确掌握相关信息,只能根据自身判断来作出决定,这可能会产生一定的误差,造成"劣质品驱逐优质品",进而引发市场不合理分配的情况。道德风险问题主要是指掌握信息更充分的一方为了实现利益最大化,故意隐瞒相关信息,给对方带来不利影响。由于参与活动的人员对相关信息的掌握都不完全相同,故信息不对称现象存在于市场经济活动的所有环节。我国地大物博,各地在政策等方面存在很大差异,导致各地市场化程度也不均衡(刘金星和宋理升,2013),因此普遍存在信息不对称的现象。为了减少信息不对称对经济活动产生的不良影响,既需要提高市场成熟程度,又需要加强政府对市场经济的调节作用,做到有为政府和有效市场的有效结合。因此,信息不对称理论为研发费用加计扣除与要素市场发育程度的协同效应提供了理论依据。

综上所述,根据市场失灵理论和税收激励理论可知,税收政策是宏观经济调控的重要手段,对企业行为会产生积极影响。作为减税政策的重要内容,研发费用加计扣除能够降低企业所得税成本,提高企业留存收益,减小财务风险,进而能够鼓励各类企业重视研发投入,进一步提高企业全要素生产率。根据经济增长理论和技术创新理论,企业经济增长的关键是技术进步,研发费用加计扣除可以为企业带来"蓄水池"效应,缓解企业的融资约束,鼓励企业将更多的资金配置于研发创新活动,进而降低企业技术创新风险,提高企业技术创新动力,提高企业全要素生产率。根据资源配置理论可知,研发费用加计扣除政策的重点在于提高企业内部的资源配置效率,这样不仅可以增加企业的自由现金流,缓解企业的融资约束,优化企业内部的资源配置效率,提高企业全要素生产率;而且可以利用税收优化资金配置,引进更多的高新科技人才,提升企业的人力资源和资本配置效率,最终提高企业全要素生产率。由资源基础理论可知,研发费用加计扣除的倒逼机制可以有效增强企业的组织管理水平,进而提高企业全要素生产率。此外,根据信息不对称理论、寻租理论、协同理论可知,企业需要充分发挥研发费用加计扣除与要素市场发育程度、政府科研支持力度和"营改增"政策等相关环境要素的协同效应。总之,为更好地研究研发费用加计扣除对企业全要素生产率的影响,本书构建了如图2-1所示的理论研究框架。

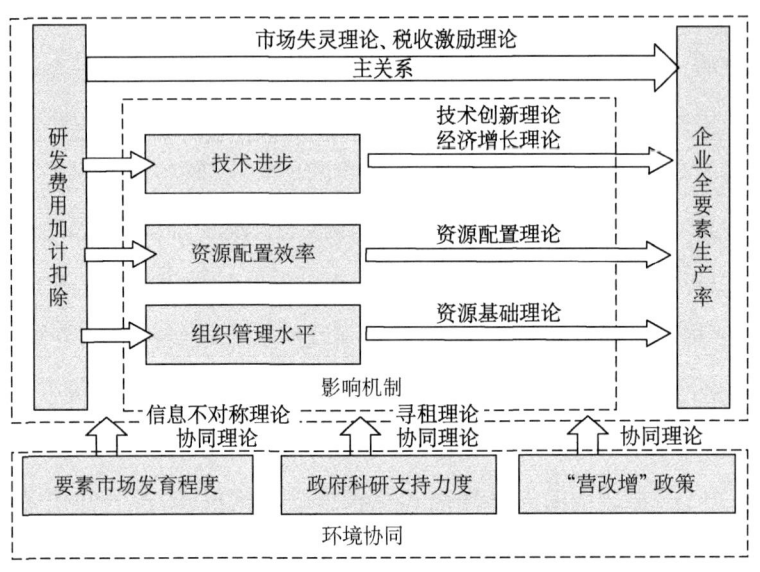

图 2-1 理论研究框架

资料来源:作者采用 Visio 软件绘制。

2.2 文献回顾

2.2.1 研发费用加计扣除的测度研究

关于研发费用加计扣除的衡量,大部分学者会使用研发费用加计扣除强度这一指标,即年度研发支出总额×50%(75%或100%)×企业所得税税率/期末资产总额。该比例越高,说明研发费用加计扣除的强度越大(王登礼等,2018;寇明婷等,2019;万源星等,2020;高玥和徐勍,2020;崔也光和王京,2020;任灿灿等,2021)。也有学者持不同意见,如将 2016 年研发费用加计扣除改革作为外生事件冲击,运用 DID 模型评价该政策的激励效应(Chen 等,2017;李新等,2019;王玺和刘萌,2020);吴秋生和王婉婷(2020)以 2015 年作为外生事件冲击,运用 DID 模型进行政策的激励效应研究;王俊峰和朱志凌(2014)、蒋占华和黄阳(2013)研究结果表明,地方政府的奖惩力度、企业申报的责权体系和适应环境的能力会影响研发费用加计扣除的实施；刘丁蓉（2013）通过问卷调查，研究了研发费用加计扣除政策的审批程序、政策的优惠力度等对其实施效果的影响；李坤和陈海声（2017）、任灿灿等（2021）在研究我国不同地区企业研发费用加计扣除政策实施效果时，将享受研发费用加计扣除的企业定义为1，其他为0；张玉等（2017）在研究研发费用加计扣除政策影响研发效率的过程中，将扣除减免的研发活动的税收占研发经费内部支出的比例作为研发费用加计扣除减免税占比。

2.2.2 研发费用加计扣除的经济后果研究

现有文献主要从企业创新、企业股价波动、企业价值和企业杠杆四个方面探讨了研发费用加计扣除的经济后果研究。

1）研发费用加计扣除对企业创新的影响效应

技术创新在企业的发展过程中起着举足轻重的作用，世界各国均将技术创新作为提高本国核心竞争力的强有力手段。"成本效应"认为税收减免这项激励政策通过加速固定资产折旧、减免企业所得税和企业税收，使得企业的研发成本有效降低，继而使研发支出提高（江静，2011）。政府会通过税收减免政策、研发补贴政策等来引导企业进行研发活动，其作用机制和经济效应也受到国内外学术界的关注。王登礼等（2018）认为研发费用加计扣除对推动我国战略性新兴产业发展具有重要的价值，并从"减负"、"增效"和"促进研发"三个维度构建了该政策的激励效应指数进而验证其激励效应。国外学者，包括 Cropper 和 Oates（1992）、Mamuneas 和 Nadiri（1996）、Klassen 等（2004）、Hall 和 Reenen（2000）、Mansfield 和 Switzer（1985）、Bloom 等（2002）、Han 和 Manry（2004）等的研究进一步证实了研发费用加计扣除具有一定的诱导效应。国内学者王春元和叶伟巍（2017）、吴祖光等（2017）、匡小平和肖建华（2008）、周阿立（2010）、黄惠丹和吴松彬（2019）、田晓丽（2016）、包月红和赵芝俊（2019）、宋清和魏雪（2018）、吴松彬等（2019）、高玥和徐勍（2020）、宋孝先等（2020）等得出研发费用加计扣除能够促进研发投入，产生显著的激励效应。从机理上分析,研发费用加计扣除能够降低企业研发成本、提高研发人员工资水平以及降低投资风险,从而提高企业增加研发投入的积极性。吴松彬等(2019)等认为研发费用加计扣除的激励效应比15%税率式优惠更强,对成熟度较低的企业创新具有较强的促进作用。Duguet(2007)认为研发费用加计扣除可以增加企业现金流,且该政策有助于增加研究人员的数量。

企业异质性对研发费用加计扣除的激励效应具有重要影响。寇明婷等(2019)认为在高新技术企业中,研发费用加计扣除对研发投入和研发支出都会产生激励作用。姚维保等(2020)以我国传统能源上市公司为例,分析研发费用加计扣除对企业研发投入的影响时,发现传统能源行业的税收激励效应更强。同时,还存在以下观点:企业偿债能力、盈利能力和营运能力都会影响研发费用加计扣除对企业研发投入的激励效果(陈远燕,2015);不同行业、不同规模(陈远燕,2015)和不同创新主体的税收激励效应存在一定的差异性(王登礼等,2018)。任海云和宋伟宸(2017)认为研发费用加计扣除的激励效果会因企业的市场化程度提高而明显变差,同种情况下成熟期企业和低技术行业的企业会更加显著。张凯和吴松彬(2018)认为在外资、民营企业以及科学技术行业,研发费用加计扣除的激励效应会更强。李新等(2019)根据地区、所有制、名义税率与实际税负的不同进行分类回归,发现研发费用加计扣除政策效果具有差异性。万源星等(2020)研究认为研发费用加计扣除虽然能够激励民营企业自主创新,但在盈利水平不同、是否为家族企业、是否是高新技术企业以及税收监管强度不同的企业中,其税收激励效应是不同的。韩庆兰和刘莉(2017)认为政治关联削弱了研发费用加计扣除对企业创新的影响。吴松彬等(2019)认为研发费用加计扣除可以极大地激励文化产业、研发密集型行业和高新制造业。高玥和徐勍(2020)研究认为研发费用加计扣除政策对研发密集型产业研发强度提升的影响相对较弱。

也有学者研究发现研发费用加计扣除并没有促进企业的研发活动。Eisner等(1984)认为,研发费用加计扣除并不能影响企业研发投入的增加;

Wallsten(2000)对美国小企业研发活动进行了分析,发现研发费用加计扣除并不能促进研发活动,反而会对其产生抑制作用。王春元和叶伟巍(2018)、David 等(2000)研究认为企业自主创新因研发费用加计扣除和税率双重优惠的影响而受到制约。

还有学者研究了研发费用加计扣除对企业创新效率的影响,但研究结论也不一致。贺康等(2020)认为研发费用加计扣除政策能够显著提高企业的创新产出和创新效率,但在国有企业、小规模企业、高新技术企业和低市场化地区,政策激励效果相对较差一些。吴秋生和王婉婷(2020)、张玉等(2017)研究认为研发费用加计扣除推动企业通过提高研发投入达到归类操纵行为的目的,创新效率反而是下降的。陈海声和连敏超(2020)以2008年研发费用加计扣除政策第一次颁布和2013年研发费用加计扣除政策实施范围进一步扩大为研究时点,对比分析这一政策在高新技术企业中的实施效果,其研究结果认为,研发费用加计扣除虽然能够提高研发投入,但是没有对研发效率产生显著的积极作用。其他学者进一步研究发现,实验组的可操控性应计利润降低,说明研发费用加计扣除能够使企业实行更加隐蔽的盈余管理措施(刘永涛,2019),以达到平滑利润的目的。张俊瑞等(2016)则认为高新技术企业创新效率可以被研发费用加计扣除促进,但所得税优惠政策的积极作用并不能有效发挥。

2) 研发费用加计扣除对企业股价波动的影响效应

纵观国内外文献,学者们关于研发税收优惠政策对股价波动的影响研究相对较少。王玲和朱占红(2011)认为在高新技术企业中,税收优惠政策能够有效提高企业的股价,对股价产生一定的正向作用。此外,有分析表明:节能环保产业在短期内对税收激励政策的敏感性较强(李燕等,2016),且其股价呈正向波动(Bond 等,2007);但是,在农业企业当中,由于税收优惠政策具有滞后性,在短期内,税收优惠并不能够带动企业股票的上升(Bell 和 Jenkinson,2002)。杨令仪和杨默如(2019)认为,在短期内研发费用加计扣除的实施能够有效增加资本市场收益,但是长期效益的增长还是需要企业提升自身价值,不能仅仅依靠政府支持。

3) 研发费用加计扣除对企业价值的影响效应

国内外学者探讨税收优惠政策时选择了不同视角。首先,从创新产出角度分析,王芸和陈蕾(2016)研究发现研发费用加计扣除优惠可以提高企业价值,且研发投入强度起到正向的调节作用。其次,从企业绩效角度分析,郭玉清等(2009)发现税收优惠政策能够提高企业的经济增长率,Czarnitzki 等(2011)从企业销售收入角度,Huang(2015)从企业的生产力角度等也进行了分析。最后,引入企业异质性对研发关系展开研究,杨杨等(2014)研究发现当服务业企业享受税收优惠政策时,其价值会显著提高;Anandarajan 等(2010)认为影响税收优惠政策实施效果的因素之一是企业规模差异;孔淑红(2010)认为企业所在地也会影响税收激励效果,处于东部地区的企业通过加强税收优惠政策进而提高企业创新绩效的效果更为明显。

研发费用加计扣除等税收优惠政策能够有效提高研发投入(冯泽等,2019;贺康等,2020;李闻一等,2019;王芸等,2018),但国家鼓励创新的主要目的是提高企业绩效。目前,关于研发费用加计扣除政策对企业业绩影响的研究较少。贾明琪和张宇璐(2017)、王玺和刘萌(2020)等研究认为政府应该给予企业一定的研发加计扣除政策支持,且研发费用加计扣除能够加大企业的研发投入,进而有效提高企业绩效。但是基于不同动机,研发费用加计扣除的激励效应也存在较大差异。企业除真实研发效率动机之外,还存在虚假研发效率动机以及机会主义动机等,这些动机都会降低企业经营绩效(张丹丽和陈海声,2017)。李雪冬等(2013)从经营效率视角分析,认为在大中型企业中税收优惠政策能够显著提高企业业绩,但对中小企业的影响却不显著。杨杨等(2014)通过实证研究发现,在中小民营企业中,当期税收的优惠不仅能提升企业当期的经营业绩,也能提升企业下一期的价值,且以服务业为代表的非制造业企业的税收激励效果会高于制造业企业。

4) 研发费用加计扣除对企业杠杆的影响效应

企业的资金来源以及融资、财务决策受到研发费用加计扣除的影响。Angelo 和 Masulis(1989)提出"替代效应"假说,即非债务税盾会抑制债务税盾,债务水平会随着非债务费用的提高而降低。除此之外,非债务税盾对债务税盾还应该存在"收入效应",因此,有学者提出非债务税盾"替代效应"发挥具有条件性,即实际税率会降低(Mackie-Mason,1990)。薛宏刚等(2020)研究发现企业的应纳税所得额会因为加计扣除政策的实施而降低,这种非债务税盾能够对企业的债务产生"挤出效应",从而降低企业负债水平,优化企业资本结构,并且能够进一步提高企业价值。袁业虎和沈立锦(2020)研究发现研发费用加计扣除的实施能有效促进长期负债率的下降。同时,研发费用加计扣除会因企业现金流量敏感性不同、产权性质不同及规模不同而发挥不同的作用。

2.2.3 企业全要素生产率的税收影响研究

关于税收优惠政策与企业全要素生产率的研究,学者们主要持税收优惠政策影响"正向论"和"反向论"两种观点。持减税促进企业全要素生产率,即"正向论"观点的学者认为这种效应可能是直接的,也可能是间接的。直接效应体现为税负下降对企业经营现金流的提升以及融资约束的缓解(Moll,2014;申广军等,2016;吴辉航等,2017),进而提升企业生产效率。间接效应是指高税率导致创业的机会成本增加,企业家预期的创业回报下降,从而使得创业动机减弱(Evans 和 Leighton,1989)。减税政策则可增强经济活力,激励企业进一步创新(Hall 和 Mairesse,1995),传递良好信号(Criscuolo 等,2019),促进产业聚集、技术升级等正向的"溢出效应"(Kline 和 Moretti,2014),同时能够优化内部结构,通过经济集聚效应来提升企业生产效率。

但也有学者认为税收优惠对企业全要素生产率的积极作用并不是毋庸置疑的。江希和和王水娟(2015)认为企业只是通过税收优惠进行盈余管理,进而达到避税的目的,税收优惠对于全要素生产率的积极作用并不明显。胡华夏等(2017)认为税收优惠激励创新的作用会被创新资源价格的上涨抵消,这也就使得政策促进全要素生产率提升的积极作用受到抑制。Lee(1996)认为税收优惠政策虽然有助于提高企业产出,促进资本增长,最终影响资源配置,但是与企业生产效率的提升不存在相关关系。Tzelepis 和 Skuras(2004)、胡凯和吴清(2018)发现政府投资补贴政策虽然能够带来一定的现金流入,提高留存收益,但是企业的获利能力和效率并没有得到有效提升。有些学者则强调财政补助可能会导致企业目标扭曲、监督缺位以及产生寻租行为等负面影响(邵敏和包群,2012),引起企业经营低增长和规模报酬的递减(Beason 和 Weinstein,1996),降低企业全要素生产率。王琴等(2015)、周方召等(2013)研究发现,政府税收优惠对企业全要素生产率的改进存在抑制效应,但这一效应并不显著,这说明政府补贴制度的设计及管理十分重要。还有学者认为财税政策对企业全要素生产率的影响呈现 U 型效应(胡春阳和余泳泽,2019)。杨莎莉等(2019)认为供给侧改革之后,税收优惠对企业全要素生产率的影响呈倒 U 型,过度的税收优惠会助长企业的"惰性",反而降低了企业创新的积极性。朱玉飞和安磊(2018)认为当实际税负超过某一水平后,企业全要素生产率会降低。

也有研究表明高新技术产业的全要素生产率会因为金融支持以及税收优惠等政策得到提高,但存在个体差异,在不同企业中其产生的促进作用不尽相同(刘方和赵彦云,2020)。胡春阳和王展祥(2020)研究发现,财政补贴对非国有企业技术效率影响更大且更具有显著性,对中部企业技术效率的影响大于西部和东北部,对小型企业具有激励效应(Lach,2002)。在非西部地区和非农业大省,农业税改革对企业全要素生产率的提升作用更为明显(韦锋和徐源琴,2020)。

1) 企业全要素生产率增值税优惠激励效应研究

严成樑和龚六堂(2009)认为增值税可以加快经济发展,而营业税对中间交易征税,会导致生产效率损失。因此有学者认为将增值税扩大到生产性服务业,打通了税负抵扣链条,促进了产业分工和三次产业的融合(白彦锋和陈珊珊,2017),提高了企业固定资产投资,能够增强企业活力(张龙和刘金全,2019;盛明泉等,2020),使企业全要素生产率得到提升。同时,外部融资约束会由于"营改增"政策对内源融资约束的缓解而得到缓解(罗宏和陈丽霖,

2012),这不仅提高了企业全要素生产率,也为经济高质量发展提供了支撑(孙正等,2020)。同时也有学者认为制造业的技术效率(姜艳凤和姜艳芳,2016)、企业全要素生产率(李永友和严岑,2018;刘伟江和吕镯,2018)会因为"营改增"政策得到提升,这种积极的治理效应在税收负担较重的企业更加明显(丁汀和钱晓东,2019)。黄玉霞和谢建国(2019)提到服务业的增值已经超越了制造业,进一步提高服务业全要素生产率对整体全要素生产率的提高具有重要作用。平新乔等(2017)认为,生产性服务业的全要素生产率低于制造业,需要适当降低生产性服务业的税负和税率。刘柏惠等(2019)发现如果完全消除多档税率的影响,则会使全要素生产率平均每年提升1.645%,这从侧面反映出单一税率,即增值税的重要性,也暗含了增值税改革对企业全要素生产率的积极作用。孙正等(2020)认为"营改增"政策对企业全要素生产率的治理作用呈边际递减规律,随着时间的推移,政策效应逐渐减弱,如何配套后续的政策对全要素生产率的提高以及经济的高质量发展至关重要。

有学者认为与营业税相比,增值税的特点主要体现在简洁性和广泛性上,但经济效率并不存在比较优势(Emran 和 Stiglitz,2005),且不完全的增值税会使进项抵扣链条中断(Keen,2008)。姜艳凤和姜艳芳(2016)的研究结果表明,增值税比重的提高能够改善技术效率,但是技术进步效率并没有因此改善。也有学者认为作为价外税的增值税具有"中性"特征,"无功无过",既不会阻碍也不会促进经济效率提升(谢欣和李建军,2011)。何茵和沈明高(2009)利用省际面板数据实证检验了税收结构对经济效率的影响,发现增值税比重提高和所得税及营业税比重降低会对经济效率产生负面影响。

异质性检验发现,由于产权性质(盛明泉等,2020;丁汀和钱晓东,2019)、区域环境(汪卢俊和苏建,2020)的不同,"营改增"政策对企业全要素生产率的影响也不同,在成长性越高、规模越小的企业中政策效应越明显。中介机制分析发现,"营改增"政策主要通过人力资本投入的提高(盛明泉等,2020)、固定资产投资资金成本的加大、金融深化程度的提高、企业科技研发投入的加大以及产业结构的优化(孙正等,2020)来促进企业全要素生产率的提升,且其进一步从缓解融资约束、增强规模效应、提升劳动产出效率以及促进研发投入这四条路径来提升企业的全要素生产率,非国有企业、高成长性企业以及小规模企业在上述路径中受益程度更为显著。

2) 企业全要素生产率所得税优惠激励效应研究

关于所得税对企业全要素生产率的影响,有以下两种观点。一是"促进论"。"促进论"认为企业所得税减免能够调整融资结构,增加内源融资,挤出流动债务融资(林小玲和张凯,2019),降低资金使用成本(Auerbach,1989),提高企业全要素生产率;降低企业所得税率可以缓解融资约束状况(郑宝红和张兆国,2018)、提高人力资本的积累以及增加创新投入(Sedlacek和Sterk,2019;许先普和李加主,2020)从而提高全要素生产率。郭健等(2020)、刘晔和林陈聃(2021)、任灿灿等(2021)等认为研发费用加计扣除的实施能够促进企业增加研发投入,进而提高企业全要素生产率。二是"抑制论"。"抑制论"认为企业在生产经营过程中为了获取政府给予的税收减免,努力寻找"寻租"机会,因此资源配置会发生扭曲(Rodrik,2004),从而降低企业的风险承受能力(王永海和刘慧玲,2013)。刘伟江和吕镯(2018)、熊波和杜佳琪(2020)研究发现固定资产加速折旧政策的实施并没有促进技术进步,也没有优化企业资源配置效率。

此外,企业产权性质(林小玲和张凯,2019)、所处区域环境(许先普和李加主,2020)、市场环境和金融市场发展情况(熊波和杜佳琪,2020)等的差异均会影响税收激励的效果。

2.2.4 企业全要素生产率的非税收影响研究

1) 外部环境对企业全要素生产率影响的研究

制度不仅仅会对人类的行为产生约束作用,而且能够激励人类在经济领域的交换行为(诺思,2008),因此,任何经济的增长过程都需要在相应的制度环境中有序进行。孙早等(2014)认为R&D(研发)溢出对中国工业全要素生产率的正向效应受到了市场改革的积极影响。冯英杰等(2020)的研究表明市场化程度对企业全要素生产率的影响呈现倒 U 型特征。苏明政和张庆君（2017）研究发现市场化进程促进了企业全要素生产率水平的提高，其贡献率超过 30%。李勇等（2013）认为不同所有制企业的微观效率应该是动态的，而市场化水平以及市场化改革和产权改革的同步性则构成了影响不同所有制企业微观动态效率及其差异的重要因素。Falcetti 等（2002）、Young（2003）、余淼杰（2010）、樊纲等（2011）都证实了市场化进程对企业全要素生产率有一定的影响。此外，产权保护（Cull 和 Xu，2005；Lin 等，2010）、环境规制（Greenstone 等，2012；徐彦坤和祁毓，2017）等都会对企业全要素生产率产生影响。段梅和李志强（2019）、杨筝（2019）等研究发现企业全要素生产率会由于经济政策不确定性的提高而显著降低，尤其是在民营企业、规模较小的企业以及东部地区的企业中表现更为明显。

金融发展（Beck 和 Levine，2004；刘洪铎，2014）能够促进企业全要素生产率的提升。Rioja 和 Valev（2004）研究发现不同的金融体系会影响企业全要素生产率的提升，如发展中国家与发达国家就存在明显差异。也有学者发现由于金融部门与实体经济的差异，金融发展与全要素生产率并不是简单的线性关系（李健和盘宇章，2017），金融发展对全要素生产率的正向作用在于技术进步而非技术效率（李健和卫平，2015）。导致金融发展与全要素生产率关系不确定的原因之一可能是金融发展度量指标，如私人部门贷款余额与地区生产总值的比值（Aziz 和 Duenwald，2002）和银行贷款与地区生产总值的比值（Jeanneney 等，2006）对企业全要素生产率实证检验的结果截然不同。Ayyagari 等（2008）发现，高利率水平和极其严格的保障标准和要求会抑制企业的发展和企业全要素生产率的提高，但也有其他研究表明，金融规模扩张之所以抑制企业全要素生产率增长，是因为金融资源分配的低效率（陈刚等，2009）。

此外，产业政策是否以及如何影响企业全要素生产率，成为学术界非常关注的问题。产业政策主要是通过改善企业融资约束（孙阳阳和丁玉莲，2021）、提高技术效率（胡春阳和余泳泽，2019；Criscuolo 等，2019）等来提高企业全要素生产率。Aghion 等(2015)认为在竞争市场环境下,产业政策能够提高企业全要素生产率。孙早和席建成(2015)研究发现产业政策能够促进企业全要素生产率的提高,但只适合市场化程度较低的地区,这一结论与韩永辉等(2017)的结论相反。舒锐(2013)研究发现产业政策虽然促进了产出增长,但是企业生产率并没有得到有效提升。邵敏和包群(2012)、黄先海等(2015)、孟辉和白雪洁(2017)等研究表明部分企业会因政府补贴高而有目的地进行生产,这样一来会导致资本配置效率降低,进而对企业全要素生产率产生负面影响。也有学者认为,由于受内外部环境因素的影响,产业政策对企业全要素生产率的影响呈 U 型特征(胡春阳和余泳泽,2019)。

另外,国家审计改革(陈茹等,2020)、社会审计(郭檬楠和李校红,2020)能够提高企业生产率,营商环境优化是企业全要素生产率增长的新动力(Bah 和 Fang,2015;Seker 和 Saliola,2018;刘军和关琳琳,2020),且全国样本以及东部、中部、西部地区样本中对工业全要素生产率的影响更显著(袁丽静和杜秀平,2018)。Tang 和 Chyi(2008)、Hirukawa 和 Ueda(2011)、王雷和王新文(2020)研究认为企业全要素生产率可以通过风险投资来提高,风险投资的加入能够为企业提供资本支持(吴超鹏等,2012;周方召等,2013),提高企业生产效率(Bertoni 等,2011;Chemmanur 等,2008)。杨文溥(2019)认为汇率波动和融资约束均会对企业全要素生产率造成负面影响。

2) 内部环境对企业全要素生产率影响的研究

戴魁早(2011)通过运用 Malmquist 生产率指数测算全要素生产率,发现全要素生产率与研发资本投入和研发人力投入存在显著的正向关系。邓力群(2011)基于内生增长理论,将研发投入作为生产函数模型的一个要素,检验了研发支出与全要素生产率之间的关系。白俊红等(2017)研究发现,研发活动是我国实施创业驱动战略的重要内容,研发投入的增加能够有效促进经济的可持续发展。王铮等(2018)研究发现研发投入能够有效刺激内需,对我国经济发展具有显著的促进作用。王淑英等(2018)研究发现研发投入对区域创新能力提升具有显著促进作用,区域创新能力存在溢出效应。行业全要素生产率与产业间、国际贸易及FDI(外国直接投资)渠道下R&D溢出显著正相关,与行业自身R&D投资负相关(孙晓华等,2012)。与此相反,金雪军等(2006)认为随着研发投入的提高,我国的技术知识存量也逐渐提高,但研发投入并没有对企业全要素生产率产生积极作用,甚至产生了抑制效应(孔东民和庞立让,2014)。汤二子等(2012)、李宾(2010)在技术上控制了数据平稳性、内生性以及序列相关后发现企业全要素生产率会受到研发投入的抑制。张广胜和孟茂源(2020)认为研发投入能显著促进企业全要素生产率提升,但其作用效果具有滞后效应且随时间推移而减弱。此外,关于人力资本对企业全要素生产率的影响的研究也很多,但并未形成一致结论。经济增长的主要原因是提高劳动力素质使生产能力得到提升(Benhabib 和 Farmer,1994;刘家悦等,2020)。Che 和 Zhang(2018)、毛其淋(2019)、周茂等(2019)等发现企业对研发的投入可以被人力资本推动,企业生产效率会由于新技术的采用而得到提高。但也有学者认为在经济发展较好的国家,生产效率不会因人力资本的提高而提高,反而会降低(Krueger 和 Lindahl,2001;魏下海和张建武,2010)。

郭檬楠和李校红(2020)认为高质量的内部控制能有效提高企业全要素生产率,且与社会审计发挥替代效应。薄文广等(2019)认为企业家才能在一定的营商环境下能够提高企业全要素生产率,这一提升机制在沿海地区更为显著。孙晓华等(2014)认为企业规模与生产率呈倒U型关系,不同要素密集度会影响两者的关系。企业全要素生产率随着股权集中度的提高呈先升后降的趋势,且在非国有企业关系中更为显著(王洪盾等,2019)。叶彬(2010)认为股权制衡与企业全要素生产率正相关,股权集中与企业全要素生产率负相关;邹怪等(2009)认为终极控制权与企业全要素生产率两者呈倒U型曲线关系;蒋长流等(2020)认为大股东掏空行为会通过资源转移和治理结构扭曲行为降低企业全要素生产率。王洪盾等(2019)研究发现,董事会规模与企业全要素生产率负相关,但独立董事在董事会的比重对企业效率提升具有积极作用,董事长兼任CEO(首席执行官)对企业全要素生产率也具有显著提升作用。李双燕和苗进(2020)研究发现,公司治理制衡度与企业全要素生产率呈倒U型关系,混合主体制衡度能促进生产率的提升,混合主体深入度对生产率的影响在两类混合所有制企业中具有显著差异。分行业考察发现,在垄断行业中,公司治理制衡度的提高能促进生产率的提升,而混合主体制衡度对生产率的影响不显著。高管薪酬(王洪盾等,2019)、股权激励(盛明泉和蒋世战,2019)对企业全要素生产率提升有显著的正向激励效应。国有企业高管与员工间薪酬差距较大时,会提高高管工作的积极性,降低代理成本,提高企业业绩(刘春和孙亮,2010),尤其是在薪酬差距较低的样本中更明显(黎文靖和胡玉明,2012)。杨竹清和陆松开(2018)研究发现,高管之间的薪酬差距越大,员工和高管之间的薪酬差距的绝对值越大,企业全要素生产率越高。

企业投资金融资产能够有效提高企业资本的流动性,企业融资能力得到有效提升,资产收益率也大大提高(Bonfiglioli,2008),可实现产融结合(Gehringer,2013),进而推动全要素生产率的提升。但是企业过度金融化会使企业降低实体投资(盛明泉等,2018),影响对技术以及人力资本等能够带来企业长期发展的要素的投资(Onaran等,2011),对实体企业的主营业务带来巨大的影响(刘笃池等,2016),进而降低资源配置效率(李维安和马超,2014),甚至扰乱金融市场环境与秩序(张慕濒和孙亚琼,2014;刘小玄和周晓艳,2011),降低企业全要素生产率。在国有企业和低盈利企业中这种抑制作用更强(陈赤平和孔莉霞,2020)。何明志和王晓晖(2019)认为财务柔性会影响企业全要素生产率,且两者之间存在倒U型关系;融资约束会强化两者之间的关系。Gatti和Love(2006)、Bakke(2009)认为从信贷融资角度来看,信贷的减少会导致企业生产率的衰减。Ferrando和Ruggieri(2018)从外部融资环境的角度研究发现,当企业外部金融摩擦增大时,企业全要素生产率会降低。Beck等(2000)则认为金融发展程度较高的地区,企业全要素生产率提升较为明显。张建华等(2018)认为企业融资的增加能提高企业全要素生产率,股权融资和债券融资具有同样的效应。王勇和张耀辉(2018)研究认为,当企业的内部治理环境与外源融资具有协同效应时,能有效提高企业全要素生产率。朱宏亮(2020)的研究则认为外源融资并不能有效提高企业全要素生产率。并购商誉会降低企业全要素生产率,并且在国有控股企业中这种抑制关系更为显著(刘树艳和刘小凤,2020)。应益华和汤辉先(2014)则认为企业并购后全要素生产率呈下降趋势。

2.2.5 文献评述

综上所述,已有文献对研发费用加计扣除测度及经济后果,企业全要素生产率的税收及非税收影响等方面进行了深入的研究。相关文献为研究研发费用加计扣除与企业全要素生产率的关系及作用机制提供了可供借鉴的研究视角和研究思路,但是两者之间的关系在以下三个方面有待进一步研究和完善。

1) 研发费用加计扣除的多维评价指标体系的建立

已有文献通常采用事件研究法、PSM 模型或 DID 模型,通过研究研发费用加计扣除政策覆盖前和覆盖后的差异或者直接以研发费用加计扣除的金额作为测度指标来探讨政策的经济后果。但政策对经济活动的影响不仅是政策具体涉及金额的大小,同时还需要考虑"减税"规模和范围的大小、持续性的强弱以及企业是需求激励型还是供给激励型等方面因素,而现有文献尚未全面、多维度地对研发费用加计扣除政策的实施效果进行衡量。综合评价是科学决策的基础(张涛,2020),因此基于研发费用减税降费的实施状况,本书从研发费用加计扣除的强度、可得性、持续性和普惠性四个维度构建研发费用加计扣除测度综合指标体系,这不仅能够更加全面、准确地衡量研发费用加计扣除政策的实施情况,而且能够反映税收优惠政策的整体发挥情况。

2) 研发费用加计扣除对企业全要素生产率的影响效应及作用路径

已有关于研发费用加计扣除对企业全要素生产率影响的文献仅使用研发费用加计扣除强度单一指标,且主要探讨了两者的直接关系,其作用机制主要是固定资产投资的增加和持续性创新等技术进步,作用机制比较单一。但企业全要素生产率是要素投入转化为产出的总体效率,除了技术进步,还包括效率水平以及生产中的知识水平、公司治理策略和管理技能等各种因素（鲁晓东和连玉君，2012）。研发费用加计扣除不会仅仅通过技术进步来影响全要素生产率，目前尚未有文献对其他路径进行理论分析和实证检验。因此，基于技术创新理论、资源配置理论和资源基础理论，本书从技术进步、资源配置效率和组织管理水平三条路径来解释研发费用加计扣除对企业全要素生产率的影响，并分析不同产权性质、企业所处不同生命周期和不同要素密集度等企业异质性条件下两者之间的关系变化，进而完善税收激励机制的研究，有效弥补单一激励机制的不足，有助于形成对两者之间作用机制的系统性认识。

3) 研发费用加计扣除与相关环境要素协同对企业全要素生产率的影响机制

已有文献对研发费用加计扣除对企业全要素生产率影响的环境调节效应仅仅从市场角度分析，且得出的结论并不一致。不论是研发费用加计扣除还是企业全要素生产率，都会受到市场和政府两方面的影响。但鲜有文献全面系统阐述政府和市场中相关环境要素的协同效应。因此本书拟从要素市场发育程度、政府科研支持力度等角度，深入剖析市场的"无形之手"和政府的"有形之手"对研发费用加计扣除与企业全要素生产率关系的协同效应，拓宽研发费用加计扣除政策与企业全要素生产率关系的研究范畴。

另外，研发费用加计扣除的效果也会受到企业异质性的影响，其规模效应及代理问题等都会导致政策实施效果不尽相同。企业产权性质、企业生命周期、企业要素密集度反映了企业的性质、所处阶段与生产运作方式，是企业异质性的重要表现。在此异质性条件下，研发费用加计扣除与企业全要素生产率的影响机制及协同效应是否存在差异尚未得到系统验证。

综上所述，已有文献对研发费用加计扣除测度及经济后果，企业全要素生产率非税收影响因素及税收激励效应等方面进行了研究，但对于具体问题的研究还缺乏系统性和整体性。本书认为，建立研发费用加计扣除政策多维测度指标体系，分析技术进步、资源配置效率、组织管理水平等传导机制，并探讨要素市场发育程度、政府科研支持力度和"营改增"政策对两者的影响，全方位考察不同产权性质、企业所处生命周期、要素密集度下研发费用加计扣除对企业全要素生产率的作用机理，不仅具有重要的理论意义，而且在实践中具有较大的创新价值。

3 研发费用加计扣除的制度背景及实施现状

3.1 研发费用加计扣除的制度背景

3.1.1 研发费用加计扣除的政策变迁

随着社会生产力的高速发展,自主创新能力以及科学技术的发展水平已经成为企业的核心竞争力。世界各国对科技创新给予了高度的重视,纷纷推行各种税收优惠政策。针对企业研发费用的税收优惠方式一般分为税额抵免模式和研发费用加计扣除模式。税额抵免模式是指直接对企业所得税税额进行相应的减免,是对企业经营成果实施的优惠政策。研发费用加计扣除模式则不仅要扣除全部的研发费用额度,还要按照一定的比例增加应纳税所得额的扣除额度。相比而言,税额抵免模式属于税后利益的让渡,只有存在盈利的企业才能获得优惠,而研发费用加计扣除模式则不受盈利水平限制。大多数国家会采用税额抵免模式和研发费用加计扣除模式双重税收优惠政策来激励不同类型的企业。

我国经济发展起步虽然较晚,但是为了顺应国家科技创新的要求,从1996年开始陆续出台了多项关于研发费用加计扣除的政策,为建设创新型国家提供了政策保障。表3-1列示了1996年以来我国政府发布的研发费用加计扣除的相关政策。

表 3-1 1996 年以来我国政府发布的研发费用加计扣除的相关政策

时间	名称	颁布主体	主要内容
1996 年	《财政部 国家税务总局关于促进企业技术进步有关财务税收问题的通知》(财工字〔1996〕41 号)	财政部、国家税务总局	首次就研发费用税前加计扣除问题进行了明确:国有、集体工业企业研究开发新产品、新技术、新工艺所发生的各项费用,增长幅度在 10% 以上的,经主管税务机关审核批准,可再按实际发生额的 50% 抵扣应税所得额
1996 年	《国家税务总局关于促进企业技术进步有关税收问题的补充通知》(国税发〔1996〕152 号)	国家税务总局	对相关政策执行口径进行了细化
2003 年	《财政部 国家税务总局关于扩大企业技术开发费加计扣除政策适用范围的通知》(财税〔2003〕244 号)	财政部、国家税务总局	将享受研发费用加计扣除的主体从"国有、集体工业企业"扩大到"所有财务核算制度健全、实行查账征收企业所得税的各种所有制的工业企业"
2004 年	《国家税务总局关于做好已取消和下放管理的企业所得税审批项目后续管理工作的通知》(国税发〔2004〕82 号)	国家税务总局	明确研发费用加计扣除政策,改由纳税人自主申报扣除
2006 年	《财政部 国家税务总局关于企业技术创新有关企业所得税优惠政策的通知》(财税〔2006〕88 号)	财政部、国家税务总局	进一步对享受研发费用加计扣除的主体进行扩围,在工业企业基础上,扩大到"财务核算制度健全、实行查账征税的内外资企业、科研机构、大专院校等"
2008 年	《中华人民共和国企业所得税法》	国务院	将研发费用加计扣除优惠政策以法律形式进行确认

(续表)

时间	名称	颁布主体	主要内容
2008 年	《企业研究开发费用税前扣除管理办法(试行)》(国税发〔2008〕116 号)	国家税务总局	对研发费用加计扣除政策作出了系统而详细的规定
2009 年	《国家税务总局关于企业所得税若干税务事项衔接问题的通知》(国税函〔2009〕98 号)	国家税务总局	明确新旧税法衔接问题:"企业技术开发费加计扣除部分已形成企业年度亏损,可以用以后年度所得弥补,但结转年限最长不得超过 5 年"
2013 年	《财政部 国家税务总局关于研究开发费用税前加计扣除有关政策问题的通知》(财税〔2013〕70 号)	财政部、国家税务总局	将试点政策推广到全国
2015 年	《财政部 国家税务总局 科技部关于完善研究开发费用税前加计扣除政策的通知》(财税〔2015〕119 号)	财政部、国家税务总局和科技部	放宽了享受优惠的企业研发活动及研发费用的范围,大幅减少了研发费用加计扣除口径与高新技术企业认定研发费用归集口径的差异,并首次明确了负面清单制度
2015 年	《国家税务总局关于企业研究开发费用税前加计扣除政策有关问题的公告》(97 号公告)	国家税务总局	简化了研发费用在税务处理中的归集、核算及备案管理,进一步降低了企业享受优惠的门槛
2017 年	《关于提高科技型中小企业研究开发费用税前加计扣除比例的通知》(财税〔2017〕34 号)	财政部、国家税务总局和科技部	将科技型中小企业享受研发费用加计扣除的比例由 50% 提高到 75%
2017 年	《关于提高科技型中小企业研究开发费用税前加计扣除比例有关问题的公告》(国家税务总局公告 2017 年第 18 号)	国家税务总局	进一步明确政策执行口径,保证优惠政策的贯彻实施

(续表)

时间	名称	颁布主体	主要内容
2017年	《国家税务总局关于研发费用税前加计扣除归集范围有关问题的公告》(40号公告)	国家税务总局	聚焦研发费用归集范围,完善和明确了部分研发费用执行口径
2018年	《提高企业研发费用税前加计扣除比例的通知》(财税〔2018〕99号)	财政部、国家税务总局和科技部	将所有企业享受研发费用税前加计扣除比例进一步提高到75%
2021年	《关于进一步完善研发费用税前加计扣除政策的公告》(财税〔2021〕13号)	财政部、国家税务总局	延续执行企业研发费用加计扣除比例为75%的政策,将制造业企业加计扣除比例提高到100%

资料来源:由作者根据研发费用加计扣除政策编制。

3.1.2 研发费用加计扣除实施效果的评价标准

税收优惠政策根据自身减税对象规模的不同、减税时效长短的差异以及减税激励形式的不同,会对社会经济和财政产生不同的影响(郭庆旺,2019)。因此,在供给侧结构性改革的过程中,研发费用加计扣除政策的实施效果具有以下四个互相关联的评价标准。

1)研发费用加计扣除的强度

作为推动供给侧结构性改革的重要减税降费措施,研发费用加计扣除的直接目的就是降低企业的相关成本。该政策的实施可以降低企业应纳税所得额,即降低企业税收成本,提高企业留存收益。企业进行研发创新投资的动机和能力越强,越能有效提高企业全要素生产率。郭健等(2020)认为研发费用加计扣除的强度越高,越能激发企业享受政策的积极性。另外,根据相关规定,企业可将当期研发支出在税前扣除比例由150%提高至175%。我国在2021年政府工作报告中延续了这样的税收激励政策,并针对制造业企业,将研发支出在税前扣除的比例提高到200%,进一步促进企业研发创新活动的开展。因此,研发费用加计扣除中加计扣除比例越高,强度越大,企业可抵扣的额度越大,越能提高企业研发投入的积极性,提高资本配置效率,进而进一步促进企业全要素生产率的提升。

2) 研发费用加计扣除的可得性

政策的可得性主要是指企业享受该政策的难易程度(杨瑞平等,2021)。在判断企业是否能够有效享受研发费用加计扣除政策时,仅仅考虑研发费用加计扣除的强度是不够的,应同时考虑企业是否能够完全享受该优惠政策。杨瑞平等(2021)认为,企业享受研发费用加计扣除的积极性会受到企业盈利水平的影响,盈利水平越高,加计扣除政策享受的积极性越强。因此,当企业研发费用加计扣除部分能在当年实现全部抵扣时,说明该企业充分享受了这项政策的优惠,研发费用加计扣除的可得性高。相反,如果企业研发费用加计扣除的部分在当年未能完全扣除,则企业难以充分获得研发费用加计扣除政策的优惠,说明该政策的可得性较低。企业管理者利用研发费用加计扣除给企业带来越多的可抵扣金额,越能将节省的税收成本进一步用于研发支出、提高资本配置效率和组织管理水平,进而提高企业全要素生产率。

3) 研发费用加计扣除的持续性

政策的持续性,主要是指政策能够持续不断地施行下去,直到实现政策目标。政策应能根据新的环境和经济形势进行相应的调整和转换,以实现目标(贾卫国,2005)。虽然我国目前存在大量税收优惠政策,但是这些政策规定的优惠项目是不一致的,而且其中很多项目是短期(或定期)的、临时的。而研发费用加计扣除政策自1996年出台以来被逐渐固化为制度,具有一定的不可逆性,这一方面改善了经济主体所处的政策环境,另一方面也带来较为稳定的预期(Hogan,2004;Bardaka等,2018)。研发费用加计扣除的持续性是指企业能够持续享受研发费用加计扣除政策,这说明企业在研发投入上具有持续性,有助于企业更快地实现技术进步,形成技术优势,最终提升企业的生产力和经营效率(杨顺元,2006)。

4) 研发费用加计扣除的普惠性

政策的普惠性主要是指政策要普遍适用于大部分企业,没有限制条件,不设置相应的门槛,可以让企业无障碍地享受优惠政策(马莹和王永琦,2019)。近年来,国家对创新非常重视,不断出台相关政策以支持企业的创新活动,为此,企业也需要根据政策的变化来寻找更好的发展机会(杨瑞平等,2021)。从研发费用加计扣除政策的内容的变化过程来看,这一政策的适用范围越来越广,研发费用归集口径也逐步扩大;从研发费用加计扣除政策的执行层面看,行政审批流程越来越便捷,企业的额外成本负担持续降低,能够享受该政策的企业越来越多,政策的普惠性得到体现。同时,根据"坚持以供给侧结构性改革为主线不动摇"的方针,我国会持续大力度地推进减税降费举措。通过上述分析认为,研发费用加计扣除政策的普惠性越高,可享受抵扣优惠政策的企业越多,政府审批流程越简便,越能有效提高企业研发投入水平,提高企业资源配置效率和组织管理水平,进而提高企业全要素生产率。

3.2 研发费用加计扣除的实施现状

研发费用加计扣除政策实施后最为直接的效果是企业可将其加计总额在计算所得税税额时在税前扣除,降低企业的税收成本。从表3-2可以看出,我国上市公司的整体研发费用加计扣除金额均值从2008年的3.737亿元逐步提高至2019年的54.411亿元,说明研发费用加计扣除实施的强度在稳步提升,同时也说明该政策具有持续性及普惠性。企业全要素生产率均值从2008年的14.658上升至2019年的15.035,说明我国企业全要素生产率水平也在稳步提升。本节基于企业异质性视角,进一步对研发费用加计扣除金额与企业全要素生产率的关系进行分析,揭示我国企业实施研发费用加计扣除政策的不同现状与企业全要素生产率的关系。

1) 产权性质视角下企业研发费用加计扣除的实施现状

国有企业承担了一定的社会责任,即使同样面临亏损,也可能会比民营企业获得更多的政府补贴(孔东民等,2013),因此不同所有制企业对研发费用加计扣除政策的享受情况可能有所不同。

表 3-2 列示了产权性质视角下企业研发费用加计扣除的实施现状。表 3-2 中,从纵向趋势看,2008—2019 年,国有企业研发费用加计扣除金额年度均值从 4.112 亿元增长到 84.069 亿元,非国有企业研发费用加计扣除金额年度均值从 2.877 亿元增长到 43.771 亿元,这说明无论是国有企业还是非国有企业,研发费用加计扣除政策实施的强度都在提高,与整体上市公司的趋势保持一致。从横向趋势看,除 2011 年之外,2008—2019 年,国有企业研发费用加计扣除金额年度均值均高于非国有企业研发费用加计扣除金额年度均值,说明国有企业研发费用加计扣除政策实施的强度更高,研发投入水平更强。另外,从纵向趋势看,2008—2019 年,国有企业全要素生产率年度均值从 14.792 增长到 15.456,非国有企业全要素生产率年度均值从 14.375 增长到 14.884,这说明无论是国有企业还是非国有企业,企业全要素生产率水平都在提高,与整体上市公司的趋势保持一致。从横向趋势看,2008—2019 年,每一年国有企业全要素生产率年度均值均高于非国有企业全要素生产率年度均值,说明国有企业全要素生产率水平更高。

表 3-2 产权性质视角下企业研发费用加计扣除的实施现状

年度	企业研发费用加计扣除金额年度均值(单位:亿元)			企业全要素生产率年度均值		
	全部企业	国有企业	非国有企业	全部企业	国有企业	非国有企业
2008	3.737	4.112	2.877	14.658	14.792	14.375
2009	3.847	4.483	3.392	14.674	14.849	14.394
2010	4.423	4.645	3.717	14.735	15.029	14.460
2011	5.615	4.955	6.494	14.741	15.148	14.481
2012	22.036	34.394	13.520	14.776	15.156	14.535
2013	23.230	35.650	15.841	14.793	15.162	14.535
2014	27.225	42.649	18.522	14.817	15.178	14.549
2015	31.191	64.950	21.641	14.830	15.180	14.590
2016	33.682	50.934	25.361	14.866	15.204	14.703

(续表)

年度	企业研发费用加计扣除金额年度均值(单位:亿元)			企业全要素生产率年度均值		
	全部企业	国有企业	非国有企业	全部企业	国有企业	非国有企业
2017	38.923	56.689	31.151	14.993	15.341	14.846
2018	48.129	73.432	38.780	14.998	15.392	14.849
2019	54.411	84.069	43.771	15.035	15.456	14.884

资料来源:作者采用STATA软件处理数据所得。

2) 生命周期视角下企业研发费用加计扣除的实施现状

根据企业生命周期理论,企业组织与一般生命体类似,都会经历新生、成长、成熟和死亡的生命周期(Adizes,1988;Van Wissen,2002)。早期学者的研究认为,在不同的生命周期,企业的规模、投资策略、盈利能力、研发能力等会有较大的区别,企业发展的需求和目标也有所不同(Miller和Friesen,1984;刘诗源等,2020)。因此,处在不同生命周期阶段的企业享受研发费用加计扣除政策的情况会有所区别。

表3-3列示了生命周期视角下企业研发费用加计扣除的实施现状。表3-3中,从纵向趋势看,2008—2019年,初创期企业研发费用加计扣除金额年度均值从2.881亿元增长到59.846亿元,成长期企业研发费用加计扣除金额年度均值从3.706亿元增长到46.747亿元,成熟期企业研发费用加计扣除金额年度均值从3.043亿元增长到54.885亿元,这说明在不同生命周期下,企业的研发费用加计扣除政策的实施强度都在提高,与整体上市公司的趋势保持一致。从横向趋势看,2008—2019年,处于初创期、成长期和成熟期的企业在同一年的研发费用加计扣除金额的年度均值并不存在明显规律,这说明对处在不同生命周期的企业,研发费用加计扣除政策的实施程度差异性不大。另外,从纵向趋势看,2008—2019年,初创期企业全要素生产率年度均值从14.283增长到15.005,成长期企业全要素生产率年度均值从14.412增长到14.924,成熟期企业全要素生产率年度均值从14.656增长到15.051,这说

明不同生命周期下企业的全要素生产率都在提高,与整体上市公司的趋势保持一致。从横向趋势看,2008—2019年,对比每一年初创期、成长期和成熟期企业的全要素生产率年度均值,呈现逐级递增的特征,这说明成熟期企业的生产经营模式成熟,组织机构完善,形成了正常的销售渠道,且建立了良好的声誉机制,企业盈利能力达到高峰。

表3-3 生命周期视角下企业研发费用加计扣除的实施现状

年度	企业研发费用加计扣除金额年度均值(单位:亿元)			企业全要素生产率年度均值		
	初创期企业	成长期企业	成熟期企业	初创期企业	成长期企业	成熟期企业
2008	2.881	3.706	3.043	14.283	14.412	14.656
2009	11.351	4.939	3.372	14.305	14.584	14.662
2010	11.898	6.540	3.404	14.511	14.609	14.811
2011	12.357	8.464	3.517	14.564	14.615	14.819
2012	15.327	16.764	22.486	14.566	14.668	14.822
2013	21.217	16.971	24.412	14.577	14.679	14.834
2014	23.681	26.100	27.667	14.578	14.689	14.886
2015	28.626	33.875	31.117	14.611	14.699	14.889
2016	31.365	39.052	33.215	14.628	14.781	14.960
2017	35.754	40.075	38.587	14.632	14.826	15.001
2018	41.854	43.193	47.826	14.738	14.855	15.016
2019	59.846	46.747	54.885	15.005	14.924	15.051

资料来源:作者采用STATA软件处理数据所得。

3) 要素密集度视角下企业研发费用加计扣除政策的实施现状

根据企业所处产业对技术、资本和劳动力要素需求的不同,可将企业细分成技术密集型、资本密集型和劳动密集型三类(李善民和叶会,2007;鲁桐和党印,2014)。技术密集型企业主要依靠现代化的技术,拥有先进的生产工艺和科研人员,对技术和知识的依赖性较大;资本密集型企业在生产中需要大量的资本,通常资本与劳动力比率较高;劳动密集型企业对劳动力需求相对较高,资本成本较低(王凤荣和李靖,2005)。由于对要素的需求不同,研发费用加计扣除政策的实施对不同产业的企业会产生不同的影响。表 3-4 列示了要素密集度视角下企业研发费用加计扣除的实施现状。

表 3-4 要素密集度视角下企业研发费用加计扣除的实施现状

年度	企业研发费用加计扣除金额年度均值(单位:亿元)			企业全要素生产率年度均值		
	技术密集型企业	资本密集型企业	劳动密集型企业	技术密集型企业	资本密集型企业	劳动密集型企业
2008	6.344	1.649	0.575	14.627	14.808	14.366
2009	6.749	1.757	0.924	14.645	14.853	14.380
2010	6.769	3.320	1.110	14.660	14.925	14.648
2011	8.337	3.680	2.094	14.664	14.933	14.654
2012	26.442	19.293	11.439	14.710	14.941	14.672
2013	28.070	21.601	11.977	14.734	14.945	14.736
2014	34.563	22.758	13.681	14.742	14.971	14.736
2015	39.193	25.483	15.268	14.787	14.976	14.773
2016	42.376	26.901	16.815	14.825	15.011	14.831
2017	48.706	30.974	18.904	14.920	15.130	14.983
2018	57.990	40.129	26.518	14.939	15.130	15.022
2019	64.267	46.237	32.690	14.960	15.152	15.105

资料来源:作者采用 STATA 软件处理数据所得。

表 3-4 中,从纵向趋势看,2008—2019 年,技术密集型企业研发费用加计扣除金额年度均值从 6.344 亿元增长到 64.267 亿元,资本密集型企业研发费用加计扣除金额年度均值从 1.649 亿元增长到 46.237 亿元,劳动密集型企业研发费用加计扣除金额年度均值从 0.575 亿元增长到 32.690 亿元,这说明在不同要素密集度的企业中,研发费用加计扣除政策实施的强度都在提高,与整体上市公司的趋势保持一致。从横向趋势看,同一年技术密集型企业研发费用加计扣除金额年度均值高于资本密集型企业,资本密集型企业研发费用加计扣除金额年度均值高于劳动密集型企业,这说明研发费用加计扣除政策

实施对三类企业均有一定的现实意义,但是对于资本需求更高的资本密集型企业来讲,研发费用加计扣除政策的实施更有吸引力。另外,从纵向趋势看,2008—2019 年,技术密集型企业全要素生产率年度均值从 14.627 增长到 14.960,资本密集型企业全要素生产率年度均值从 14.808 增长到 15.152,劳动密集型企业全要素生产率年度均值从 14.366 增长到 15.105,这说明在不同要素密集度下,企业全要素生产率都在提高,与整体上市公司的趋势保持一致。从横向趋势看,同一年三类企业的企业全要素生产率水平差距不大。

3.3 小结

本章主要分析研发费用加计扣除的制度背景和实施现状。我国陆续出台并完善了一系列促进企业高质量发展的研发费用加计扣除政策,对该政策激励效应的研究具有重要意义。本章根据研发费用加计扣除实施效果的评价标准,构建科学的研发费用加计扣除的测度指标体系,可为该政策的衡量提供理论依据。本章通过对研发费用加计扣除及企业全要素生产率的实施现状分析发现,研发费用加计扣除实施的强度在稳步提升,这对企业全要素生产率的提升具有一定影响。这一发现为后文的实证研究奠定了基础。

4 研发费用加计扣除对企业全要素生产率的影响效应

全要素生产率是经济发展的重要指标,提高企业全要素生产率已成为促进经济持续增长、提高经济竞争力的重要举措(殷红等,2020)。财政政策是经济发展的重要推力,能够间接影响企业全要素生产率。研发费用加计扣除是财政政策的重要组成部分,本章分析研发费用加计扣除对企业全要素生产率的总体影响,提供关于两者关系的可靠结论,并进一步考察企业异质性对两者的调节作用,为后文的作用路径和相关环境要素协同分析奠定基础。

4.1 理论分析与假设提出

税负成本是影响企业全要素生产率和企业高质量发展的重要因素(孙正等,2020)。为了有效缓解企业的税负压力,我国政府制定了减税、免税、延期纳税、出口退税、即征即退和税收抵免等一系列的税收优惠政策。作为重要减税政策之一的研发费用加计扣除政策自1996年开始实施,并经历了多次以拓宽研发费用加计扣除的适用范围、费用归集口径,提高扣除比例为重点的变革(郭健等,2020)。研发费用加计扣除对企业全要素生产率的影响需要从以下四个方面进行全面考虑:一是研发费用加计扣除的实施强度,具体是指政策实施企业可以抵扣税款的额度,主要体现为企业每年因享受研发费用加计扣除可抵减的税款总额占总资产的比重;二是研发费用加计扣除的可得性,具体是指政策享受的额度能否在企业当年税款中有效扣除,主要体现为企业每年研发费用加计扣除额占应纳税所得额与研发费用加计扣除额总和的比重;三是研发费用加计扣除的持续性,具体是指政策能否被企业连续享用,主要体现为企业当年有没有持续享受研发费用加计扣除政策;四是研发费用加计扣除的普惠性,具体是指享受政策的企业覆盖范围,主要体现为研发费用加计扣除政策的不断完善和规范,能使更多企业享受政策的激励效应。

第一,研发费用加计扣除实施的强度越大,企业享受到的税收优惠力度就越大,从而能有效缓解企业研发投入的资本成本压力,鼓励企业将更多的资金投入研发创新,提高企业的资本配置效率,促进企业全要素生产率增长(陈诗一和陈登科,2019)。第二,税收优惠政策能否发挥对企业全要素生产率的促进效应,最重要的一点在于企业是否能够享受到研发费用加计扣除的可得性。企业研发费用加计扣除的可得性越大,越有利于企业及时回笼资金,将资金投入回报率更高的项目,进而增强企业的资金配置效率,缓解企业融资约束状况,提高企业全要素生产率。第三,企业全要素生产率的提高需要一个持续的创新投入过程,税收优惠政策的持续性也会极大地影响企业全要素生产率的提升效果,特别是由于研发创新具有高风险和长周期的特点,只有提高研发费用加计扣除的持续性,才能提高企业应对研发创新失败风险的能力(Kline 和 Moretti, 2014)。第四,企业所处行业和经营业务范围的不同,也会导致企业享受研发费用加计扣除的积极性不同,为了全面提高不同企业的全要素生产率,必须提高研发费用加计扣除政策的普惠性,让更多的企业享受到研发费用加计扣除的优惠效应,以全面缓解企业的融资约束状况,提高企业的科技创新水平,促进企业全要素生产率增长。因此,研发费用加计扣除的实施有利于提高企业全要素生产率。基于上述分析,本书提出以下假设:

假设 4.1:在其他条件不变的情况下,研发费用加计扣除能够提高企业全要素生产率。

研发费用加计扣除对企业全要素生产率的总体影响的逻辑关系如图 4-1 所示。

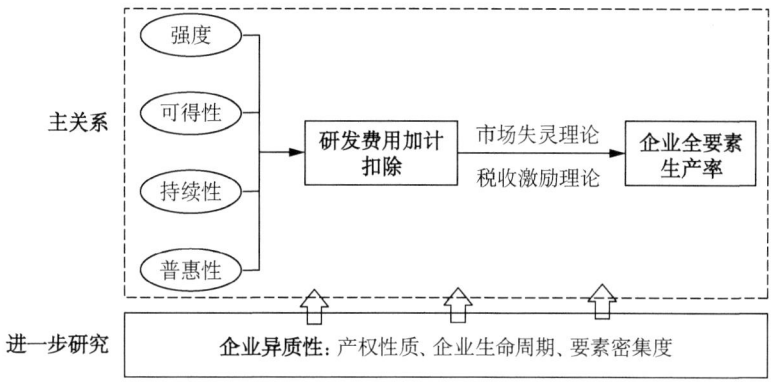

图4-1 研发费用加计扣除对企业全要素生产率的总体影响的逻辑关系

资料来源：作者采用 Visio 软件绘制。

4.2 研究设计

4.2.1 样本选择与数据来源

本书选取2007—2019年深沪A股上市公司作为研究样本，并遵循以下原则对样本进行筛选：①剔除不适用税前扣除政策的行业，如烟草制造业、住宿和餐饮业、批发和零售业、房地产业、租赁和商业服务业以及娱乐业；②剔除ST（特殊处理）、*ST（有退市风险）和PT（特别转让，将暂停上市）的样本公司；③剔除数据缺失的样本公司。最终获得23 409个公司的年度样本观测值。研发费用加计扣除和"营改增"政策数据根据中国政府发布的研发费用加计扣除相关政策手工整理得出，组织管理水平数据来源于DIB（迪博）内部控制与风险管理数据库，要素市场发育程度数据来源于《中国分省份市场化指数报告》，政府科研支持力度的数据来源于《中国城市统计年鉴》，其他数据均来自WIND数据库和CSMAR数据库，所采用的数据处理软件为STATA15.0。为了消除极端值对结果的影响，本书对所有连续变量进行了双向1%的winsorize（缩尾）处理。

4.2.2 变量选取与测度

1) 被解释变量:企业全要素生产率

本章的被解释变量是企业全要素生产率,该变量当前衡量的方法主要有参数法、半参数法和非参数法。考虑到企业全要素生产率在评估过程中的选择性偏误和联立性偏误,本章选择半参数法。半参数法的估计方法主要包括OP法(Olley 和 Pakes,1996)和 LP法(Levinsohn 和 Petrin,2003;鲁晓东和连玉君,2012;郭檬楠和李校红,2020;郭金花和杨瑞平,2020),本书采用 LP法衡量企业全要素生产率,并在稳健性检验中使用 OP法对企业全要素生产率进行测度。采用 LP法计算时,总产出用企业主营业务收入的自然对数衡量;状态变量为企业固定资产净额的自然对数;代理变量为公司购买商品、接受劳务实际支付现金的自然对数;自由变量为企业员工人数的自然对数。

2) 解释变量:研发费用加计扣除

根据研发费用加计扣除实施效果的评价标准,本书从强度、可得性、持续性和普惠性四个方面出发,采用主成分分析法构建综合指标来衡量研发费用加计扣除的实施效果。具体而言,研发费用加计扣除强度,借鉴刘圻等(2012)、吴秋生和王婉婷(2020)的研究,其计算公式为(研发费用×税前扣除率×企业所得税税率)/总资产,该比例越高,说明研发费用加计扣除的强度越大;研发费用加计扣除可得性,其计算公式为(研发费用×税前扣除率)/(应纳税所得额+研发费用×税前扣除率),该比例越大,说明研发费用得到充分抵扣的可得性越大;研发费用加计扣除持续性,当企业当年享受研发费用加计扣除时取值为1,否则取值为0;研发费用加计扣除普惠性,根据研发费用加计扣除的颁布完善时间取值,2007年取值为0,2008—2012年取值为1,2013—2014年取值为2,2015—2016年取值为3,2017年取值为4,2018—2019年取值为5。据此,本章对研发费用加计扣除上述四个指标进行标准化,然后采用主成分分析法构建综合指标,具体见表4-1。由表4-1可知,整体KMO(Kaiser-Meyer-Olkin)值为0.642,通过了检验。

表 4-1 研发费用加计扣除主成分分析

主成分	特征根	差值	解释比例	累计解释比例	KMO 检验	
主成分 1	1.883	0.982	0.471	0.471	*kcqd*	0.630
主成分 2	0.902	0.202	0.225	0.696	*kcpu*	0.720
主成分 3	0.699	0.183	0.175	0.871	*avaf*	0.621
主成分 4	0.516		0.129	1.000	*kccx*	0.613
					Overall	0.642

资料来源：作者采用 STATA 软件处理数据得出。

3）控制变量

借鉴已有研究（孔东民等，2013；郭檬楠和李校红，2020），本章设置的影响全要素生产率的主要控制变量如下：企业规模、资产负债率、企业成长性、董事会规模、董事长与总经理兼任情况、独立董事比例、企业年龄、股权集中度、管理层持股比例、净资产收益率、产权性质、经营现金流、时间固定效应和行业固定效应等。具体的变量定义及说明见表 4-2。

表 4-2 研发费用加计扣除与企业全要素生产率关系变量定义

变量	变量名称	变量符号	计算方法
主要变量	企业全要素生产率	*lp*	采用半参数法得到的企业全要素生产率
	研发费用加计扣除强度	*kcqd*	（研发费用×税前扣除率×企业所得税税率）/总资产
	研发费用加计扣除可得性	*avaf*	（研发费用×税前扣除率）/（应纳税所得额+研发费用×税前扣除率）
	研发费用加计扣除持续性	*kccx*	当年享受加计扣除政策时取值为 1，否则取值为 0
	研发费用加计扣除普惠性	*kcph*	根据加计扣除政策的实施时间取值，2007 年取值为 0，2008—2012 年取值为 1，2013—2014 年取值为 2，2015—2016 年取值为 3，2017 年取值为 4，2018—2019 年取值为 5
	研发费用加计扣除综合测度	*kczh*	采用主成分分析法拟合得出

(续表)

变量	变量名称	变量符号	计算方法
控制变量	企业规模	$lnasset$	总资产的自然对数
	资产负债率	lev	总负债与总资产的比值
	企业成长性	$growth$	本期营业收入增加额与上期营业收入的比值
	董事会规模	$lndsh$	董事会规模的自然对数
	董事长与总经理兼任情况	$ifjz$	当董事长与总经理两职合一时取值为1,否则取值为2
	独立董事比例	$indep$	独立董事人数与董事会总人数的比值
	企业年龄	$lnclage$	当年与初始上市时间之差
	股权集中度	$first$	第一大股东持股比例
	管理层持股比例	$manhold$	管理层持股数量与股本总额的比值
	净资产收益率	roe	税后利润占净资产的比值
	产权性质	soe	当企业性质为国有企业时取值为1,否则取值为0
	经营现金流	$cashflow$	经营活动产生的现金流量净额占总资产的比值
	时间固定效应	$Year$	当样本属于某一年度时取值为1,否则取值为0
	行业固定效应	$Industry$	当样本属于某一行业时取值为1,否则取值为0

4.2.3 实证模型设计

为验证假设4.1中研发费用加计扣除对企业全要素生产率的影响效应,本章构建以下模型:

$$lp_{it} = \alpha_0 + \alpha_1 kczh_{it} + \beta controls_{it} + \sum Year + \sum Industry + \varepsilon_{it}$$
(4.1)

其中，lp 表示企业全要素生产率；kczh 表示研发费用加计扣除综合测度；α_0 表示常数项；ε_{it} 表示扰动项；i 表示公司，t 表示年份；Year 表示时间固定效应；Industry 表示行业固定效应；controls 表示控制变量。本章主要考察系数 α_1，如果系数 α_1 显著为正，则表明研发费用加计扣除能够显著促进企业全要素生产率的提升。

4.3 实证检验

4.3.1 描述性统计

表 4-3 为研发费用加计扣除与企业全要素生产率相关变量描述性统计结果。由表 4-3 可知，企业全要素生产率的均值为 14.85，1/2 分位数为 14.77，最小值为 12.08，最大值为 17.81，这表明上市公司的全要素生产率存在较大差异，且大部分上市公司没有达到平均水平。研发费用加计扣除强度的均值为 0.428，最小值为 0，最大值为 2.164，这表明不同上市公司研发费用加计扣除的强度差异较大。研发费用加计扣除可得性的均值为 0.102，最小值为 0，最大值为 0.996，这表明上市公司研发费用加计扣除额度在当年是可以进行抵扣的，但仅有少部分上市公司其研发费用加计扣除额度能超过应纳税所得额的一半。研发费用加计扣除持续性的均值为 0.223，这表明有 22.3% 的样本观测值持续享受研发费用加计扣除，整体覆盖面较低。研发费用加计扣除普惠性的均值为 2.768，最小值为 0，最大值为 5，这说明研发费用加计扣除从 2007 年之后稳步推进。研发费用加计除综合测度的均值为 0.214，最小值为 -1.613，最大值为 4.226，这表明上市公司研发费用加计扣除政策的实施存在较大的差异。

表 4-3　研发费用加计扣除与企业全要素生产率相关变量描述性统计结果

变量名称	样本量	均值	标准差	p25	p50	p75	最小值	最大值
lp	23 409	14.85	0.966	14.21	14.77	15.41	12.08	17.81
$kcqd$	23 409	0.428	0.469	0	0.334	0.652	0	2.164
$kcph$	23 409	2.768	1.606	1.000	3.000	4.000	0	5.000
$avaf$	23 409	0.102	0.225	0	0	0	0	0.966
$kccx$	23 409	0.223	0.416	0	0	0	0	1.000
$kczh$	23 409	0.214	1.429	−0.972	−0.122	1.072	−1.613	4.226
$\ln asset$	23 409	22.03	1.240	21.150	21.870	22.730	19.100	25.970
lev	23 409	0.422	0.200	0.264	0.416	0.573	0.074	0.933
$growth$	23 409	0.194	0.495	−0.014	0.114	0.278	−0.661	4.140
$\ln dsh$	23 409	2.143	0.201	1.946	2.197	2.197	1.609	2.708
$ifjz$	23 409	1.744	0.437	1.000	2.000	2.000	1.000	2.000
$indep$	23 409	0.373	0.0530	0.333	0.333	0.429	0.308	0.571
$\ln clage$	23 409	2.710	0.394	2.485	2.773	2.996	1.179	3.415
$first$	23 409	0.345	0.147	0.230	0.325	0.444	0.085	0.752
$manhold$	23 409	0.127	0.195	0	0.002	0.228	0	0.696
roe	23 409	0.051	0.162	0.026	0.066	0.112	−1.095	0.376
soe	23 409	0.381	0.486	0	1.000	0	0	1.000
$cashflow$	23 409	0.048	0.070	0.009	0.047	0.088	−0.204	0.258

注：p25、p50 和 p75 分别表示 1/4、1/2 和 3/4 分位数。

从控制变量上看，资产负债率的均值为 0.422，最小值为 0.074，最大值为 0.933；企业成长性的均值为 0.194，最小值为 −0.661，最大值为 4.140；董事会规模的均值为 2.143，最小值为 1.609，最大值为 2.708；董事长与总经理兼任情况的均值为 1.744；独立董事比例的均值为 0.373，最小值为 0.308，最大值为 0.571；企业年龄的均值为 2.710，最小值为 1.179，最大值为 3.415；股权集中度的均值为 0.345,最小值为 0.085,最大值为 0.752;管理层持股比例的均值为 0.127,最小值为 0,最大值为 0.696;净资产收益率的均值为 0.051,最小值为 -1.095,最大值为 0.376;产权性质的均值为 0.381;经营现金流的均值为 0.048,最小值为 -0.204,最大值为 0.258。这些控制变量的最小值和最大值均存在较大差异,对企业全要素生产率都会产生一定的影响。

4.3.2 相关性分析

研发费用加计扣除与企业全要素生产率的相关性分析如表 4-4 所示。

表 4-4 研发费用加计扣除与企业全要素生产率的相关性分析

变量	lp	$kcqd$	$kcph$	$avaf$	$kccx$	$kczh$	$lnasset$
lp	1						
$kcqd$	-0.010*	1					
$kcph$	0.125***	0.329***	1				
$avaf$	0.111***	0.387***	0.311***	1			
$kccx$	0.187***	0.125***	0.210***	0.378***	1		
$kczh$	0.144***	0.675***	0.675***	0.783***	0.595***	1	
$lnasset$	0.770***	-0.128***	0.172***	0.130***	0.226***	0.138***	1
lev	0.423***	-0.245***	-0.087***	0.041***	0.063***	-0.083***	0.446***
$growth$	0.129***	-0.014**	-0.035***	-0.082***	-0.061***	-0.071***	0.049***
$lndsh$	0.161***	-0.134***	-0.164***	-0.024***	0.053***	-0.099***	0.242***
$ifjz$	0.125***	-0.157***	-0.102***	0.004	0.048***	-0.075***	0.159***
$indep$	0.008	0.056***	0.093***	0.030***	0.006	0.067***	0.021***
$lnclage$	0.143***	-0.022***	0.387***	0.154***	0.193***	0.251***	0.197***
$first$	0.207***	-0.087***	-0.086***	-0.043***	0.079***	-0.055***	0.206***
$manhold$	-0.209***	0.283***	0.142***	-0.024***	-0.099***	0.112***	-0.295***
roe	0.175***	0.029***	-0.085***	-0.130***	-0.007	-0.076***	0.087***
soe	0.237***	-0.255***	-0.190***	-0.003	0.109***	-0.125***	0.312***
$cashflow$	0.057***	0.080***	0.016***	-0.012**	0.037***	0.041***	0.032***

(续表)

变量	*lev*	*growth*	ln*dsh*	*ifjz*	*indep*	ln*clage*	*first*
lev	1						
growth	0.034***	1					
ln*dsh*	0.154***	−0.013**	1				
ifjz	0.139***	−0.013**	0.186***	1			
indep	−0.016***	0.003	−0.505***	−0.114***	1		
ln*clage*	0.152***	−0.032***	0.003	0.070***	−0.014**	1	
first	0.061***	0.021***	0.029***	0.053***	0.036***	−0.147***	1
manhold	−0.315***	0.036***	−0.204***	−0.258***	0.084***	−0.252***	−0.088***
roe	−0.186***	0.181***	0.046***	−0.007	−0.027***	−0.077***	0.139***
soe	0.277***	−0.050***	0.281***	0.293***	−0.072***	0.129***	0.223***
cashflow	−0.163***	0.006	0.054***	0.015**	−0.028***	−0.023***	0.098***

变量	*manhold*	*roe*	*soe*	*cashflow*
manhold	1			
roe	0.067***	1		
soe	−0.486***	−0.018***	1	
cashflow	0.008	0.251***	0.019***	1

注：*、**、*** 分别表示回归系数在10%、5%、1%的置信水平下显著。

由表4-4可知，研发费用加计扣除普惠性与企业全要素生产率的相关系数为0.125，在1%水平上显著正相关；研发费用加计扣除可得性与企业全要素生产率的相关系数为0.111，在1%水平上显著正相关；研发费用加计扣除持续性与企业全要素生产率的相关系数为0.187，在1%水平上显著正相关；研发费用加计扣除综合测度与企业全要素生产率的相关系数为0.144，在1%水平上显著正相关。上述结果初步验证了假设4.1，即研发费用加计扣除能够促进企业全要素生产率提升。同时，各解释变量与企业全要素生产率之间的相关系数均不接近于1，表明验证结果不存在严重的多重共线性问题。

4.3.3 实证结果分析

表4-5为研发费用加计扣除与企业全要素生产率关系的回归结果。由第(1)列可知,在没有增加控制变量的情况下,研发费用加计扣除综合测度的回归系数均为0.138,在1%水平上显著为正;由第(2)至(3)列可知,逐步增加控制变量的情况下,研发费用加计扣除综合测度的回归系数为仍在1%水平上显著为正,初步验证了假设4.1;由第(4)列可知,在增加全部控制变量的情况下,研发费用加计扣除综合测度的回归系数均为0.064,在1%水平上显著为正,这表明研发费用加计扣除能够提高企业全要素生产率,假设4.1得到验证。

由第(4)列可知,从控制变量上看,企业规模与企业全要素生产率回归系数为0.567,在1%水平上显著正相关,这说明企业规模越大,其全要素生产率水平越高,体现了全要素生产率的规模效应。资产负债率与企业全要素生产率的回归系数为0.568,在1%水平上显著正相关,这说明企业使用债务融资的方式取得资金更能促进企业全要素生产率的提高。企业成长性与企业全要素生产率的回归系数为0.135,在1%水平上显著正相关,且净资产收益率与企业全要素生产率的回归系数为0.668,在1%水平上显著正相关,这说明企业主营业务收入的增长和盈利能力的增强能够提高企业全要素生产率。董事会规模与企业全要素生产率的回归系数为-0.116,在5%水平上显著负相关,这说明董事会规模的增加并不能有效提高全要素生产率。董事长与总经理兼任情况与企业全要素生产率的回归系数为0.034,在5%水平上显著正相关,这说明当董事长和总经理两职分离时,企业组织管理水平较高,能够促进经济效益提高。独立董事比例与企业全要素生产率的回归系数为-0.286,在10%水平上显著负相关,这说明独立董事人数在董事会人数中占比越高,越不利于企业全要素生产率的提高。企业年龄与企业全要素生产率的回归系数为0.058,在5%水平上显著正相关,这说明企业年龄的增加能够促进企业全要素生产率的提高。股权集中度与企业全要素生产率的回归系数为0.343,在1%水平上显著正相关,这说明企业股权集中度越高,企业全要素生产率越高。管理层持股比例与企业全要素生产率的回归系数为0.064,没有通过显著性检验,说明管理层持股对企业全要素生产率的影响不大。经营现金流与企业全要素生产率的回归系数为0.700,在1%水平上显著正相关,说明当企业具有充足的经营现金流时,企业能够加大研发投入,优化资源配置效率,提高企业全要素生产率。各控制变量的回归结果与以往文献研究结果基本一致,且符合预期设想,表明本书选用的回归模型能够全面反映各因素对企业全要素生产率的影响。

表4-5 研发费用加计扣除与企业全要素生产率关系的回归结果

变量	lp			
	(1)	(2)	(3)	(4)
$kczh$	0.138***	0.077***	0.045***	0.064***
	(18.116)	(13.666)	(8.397)	(8.686)
$lnasset$		0.536***	0.556***	0.567***
		(55.956)	(62.640)	(61.195)
lev		0.687***	0.618***	0.568***
		(12.328)	(11.783)	(10.584)
$growth$		0.134***	0.136***	0.135***
		(12.566)	(13.137)	(12.916)
$lndsh$		−0.134**	−0.081	−0.116**
		(−2.317)	(−1.552)	(−2.218)
$ifjz$		0.036**	0.036**	0.034**
		(2.228)	(2.363)	(2.226)
$indep$		−0.236	−0.279*	−0.286*
		(−1.301)	(−1.676)	(−1.728)
$lnclage$		−0.052**	0.011	0.058**
		(−2.160)	(0.499)	(2.365)

(续表)

变量	lp			
	(1)	(2)	(3)	(4)
first		0.271***	0.356***	0.343***
		(4.080)	(5.947)	(5.733)
manhold		0.078*	0.029	0.064
		(1.741)	(0.663)	(1.451)
roe		0.767***	0.699***	0.668***
		(16.277)	(15.695)	(15.213)
soe		−0.009	0.047**	0.025
		(−0.364)	(1.972)	(1.050)
cashflow		0.431***	0.714***	0.700***
		(4.428)	(7.625)	(7.391)
常数项	14.820***	2.995***	2.072***	1.941***
	(826.656)	(12.265)	(8.841)	(8.246)
年度固定效应	NO	NO	NO	YES
行业固定效应	NO	NO	YES	YES
样本量	23 409	23 409	23 409	23 409
R^2	0.042	0.651	0.691	0.695
Adj. R^2	0.042	0.651	0.690	0.695

注：*、**、***分别表示回归系数在10%、5%、1%的置信水平下显著，括号内为公司层面聚类后的稳健T统计量。

4.3.4 稳健性检验

为了保证研究结论的稳健性，本章先考虑了滞后效应和宏观因素的影响，随后重新测度主要解释变量以改进因测量误差所引起的内生性问题；采用固定效应模型来改进因遗漏变量误差产生的内生性问题，以消除不随时间变化、无法观测因素的影响；采用2SLS模型来改进反向因果关系的内生性问题。DID模型是基于随机试验或自然试验的一种方法（Meyer，1995），采用DID模型能够有效修正内生性问题。因此，本章也采用DID模型及PSM -

DID 模型,PSM-OLS 模型进行稳健性检验。

1) 考虑滞后效应和宏观因素的影响

由于研发费用加计扣除政策具有滞后效应,为此,本节将研发费用加计扣除滞后一期进行稳健性检验,同时增加宏观层面控制变量:地区经济发展水平(lngdp),用地区生产总值的自然对数衡量;对外开放水平(fdi),用外商投资占 GDP(国内生产总值)的比重衡量;城市工资水平(lnwage),用城市在岗职工平均工资的自然对数衡量。表 4-6 为考虑滞后效应和宏观因素的研发费用加计扣除检验结果。由第(1)列可知,研发费用加计扣除综合测度滞后一期(l.kczh)与企业全要素生产率的回归系数在 1% 水平上显著为正。由第(2)至(3)列可知,增加宏观层面控制变量之后,研发费用加计扣除综合测度、研发费用加计扣除综合测度滞后一期的回归系数均在 1% 水平上显著为正。本章研究结论不变。

表 4-6 考虑滞后效应和宏观因素的研发费用加计扣除检验结果

变量	lp		
	(1)	(2)	(3)
$kczh$		0.056***	
		(7.593)	
$l.kczh$	0.052***		0.046***
	(6.765)		(5.864)
$lnasset$	0.563***	0.565***	0.562***
	(60.913)	(60.078)	(59.979)
lev	0.598***	0.580***	0.610***
	(11.058)	(10.751)	(11.239)
$growth$	0.144***	0.134***	0.143***
	(12.635)	(12.713)	(12.464)
$lndsh$	−0.118**	−0.110**	−0.112**
	(−2.201)	(−2.061)	(−2.051)

(续表)

变量	lp		
	(1)	(2)	(3)
$ifjz$	0.035**	0.042***	0.042***
	(2.215)	(2.698)	(2.674)
$indep$	−0.303*	−0.296*	−0.311*
	(−1.789)	(−1.769)	(−1.824)
$\ln clage$	0.061**	0.064***	0.067***
	(2.466)	(2.578)	(2.712)
$first$	0.344***	0.320***	0.323***
	(5.720)	(5.289)	(5.298)
$manhold$	0.060	0.029	0.025
	(1.361)	(0.656)	(0.555)
roe	0.663***	0.667***	0.663***
	(14.579)	(14.960)	(14.338)
soe	0.025	0.031	0.031
	(1.034)	(1.261)	(1.237)
$cashflow$	0.744***	0.715***	0.755***
	(7.685)	(7.409)	(7.667)
$\ln gdp$		0.039***	0.039***
		(3.282)	(3.272)
fdi		0.014	0.013
		(1.453)	(1.331)
$\ln wage$		0.024	0.025
		(1.306)	(1.324)
常数项	2.045***	1.722***	1.800***
	(8.555)	(6.725)	(6.896)
年度固定效应	YES	YES	YES
行业固定效应	YES	YES	YES

(续表)

变量	*lp*		
	(1)	(2)	(3)
样本量	22 220	22 878	21 727
R^2	0.696	0.697	0.698
Adj.R^2	0.695	0.697	0.698

注：*、**、***分别表示回归系数在10%、5%、1%的置信水平下显著,括号内为公司层面聚类后的稳健T统计量。

2) 重新测度被解释变量

本节借鉴Wooldridge(2009)的研究,采用基于GMM广义矩方法模型的估计法(Wrdg)对企业全要素生产率进行测度;并借鉴Olley和Pakes(1996)的研究,采用OP法测度企业全要素生产率。表4-7列示了重新测度被解释变量的检验结果。由第(1)列可知,研发费用加计扣除综合测度与企业全要素生产率的回归系数是0.065,在1%水平上显著正相关。由第(2)列可知,研发费用加计扣除综合测度与企业全要素生产率的回归系数为0.025,在1%水平上显著正相关。本章研究结论不变。

3) 固定效应模型

本章的回归结果中,将企业规模、资产负债率、企业成长性、董事会规模、董事长与总经理兼任情况、独立董事比例、企业年龄、股权集中度、管理层持股比例、净资产收益率、产权性质、经营现金流,以及年度固定效应和行业固定效应作为控制变量,但是可能还存在一些遗漏变量会对企业全要素生产率产生影响。比如,企业全要素生产率还可能受到行业政策等的影响,很难把全部的因素都纳入模型;与此同时,研发费用加计扣除和企业全要素生产率可能会受到一些难以观察的因素的影响,比如经济形势等(许伟和陈斌开,2016)。因此,为了改进由于遗漏变量误差所引起的内生性问题,本节采用固定效应模型进行稳健性检验。表4-7列示了固定效应模型检验结果。由第(3)列可知,研发费用加计扣除综合测度与企业全要素生产率的回归系数为

0.022,在1%水平上显著正相关。本章研究结论不变。

表 4-7 重新测度被解释变量、固定效应模型和 2SLS 模型对研发费用加计扣除与企业全要素生产率关系的检验结果

变量	Wrdg 法 (1)	OP 法 (2)	固定效应模型 (3)	2SLS 模型 (4)
$kczh$	0.065***	0.025***	0.022***	0.408***
	(8.523)	(3.230)	(4.398)	(13.800)
$lnasset$	0.582***	0.448***	0.468***	0.531***
	(56.694)	(45.865)	(31.675)	(50.330)
lev	0.558***	0.488***	0.185***	0.628***
	(10.091)	(8.813)	(3.597)	(10.775)
$growth$	0.137***	0.141***	0.176***	0.162***
	(12.917)	(12.363)	(22.659)	(13.778)
$lndsh$	−0.113**	−0.148***	0.066	−0.180***
	(−2.102)	(−2.619)	(1.480)	(−3.075)
$ifjz$	0.033**	0.044***	0.012	0.039**
	(2.126)	(2.757)	(0.908)	(2.174)
$indep$	−0.255	−0.322*	0.120	−0.230
	(−1.510)	(−1.866)	(0.985)	(−1.198)
$lnclage$	0.050**	−0.692***	0.062	0.023
	(2.000)	(−26.264)	(1.190)	(0.833)
$first$	0.370***	0.297***	−0.017	0.286***
	(5.917)	(4.689)	(−0.196)	(4.173)
$manhold$	0.072	0.052	−0.026	0.158***
	(1.622)	(1.119)	(−0.434)	(3.289)
roe	0.672***	0.539***	0.370***	0.737***
	(14.857)	(12.543)	(11.305)	(14.712)

(续表)

变量	Wrdg 法 (1)	OP 法 (2)	固定效应模型 (3)	2SLS 模型 (4)
soe	0.029	0.014	−0.030	−0.055**
	(1.191)	(0.571)	(−0.828)	(−2.002)
$cashflow$	0.737***	0.548***	0.549***	0.380***
	(7.576)	(5.539)	(9.745)	(3.547)
常数项	1.696***	6.000***	3.937***	3.649***
	(6.521)	(23.631)	(11.391)	(13.589)
年度固定效应	YES	YES	YES	YES
行业固定效应	YES	YES	YES	YES
样本量	23 409	23 409	23 409	23 409
R^2	0.696	0.585	0.575	0.562
Adj. R^2	0.695	0.584	0.574	0.562

注：*、**、***分别表示回归系数在10%、5%、1%的置信水平下显著，括号内为公司层面聚类后的稳健T统计量。

4) 2SLS 模型

为了改进研发费用加计扣除与企业全要素生产率之间互为因果关系导致的内生性问题，本节借鉴王立平和余小婷(2020)的研究，采用两阶段最小二乘法(2SLS)模型进行稳健性检验。传统的2SLS方法的基本原理就是将内生变量分为两部分，一部分与扰动项相关，而另一部分与扰动项无关，用与扰动项无关的那一部分得到一致估计。工具变量同时要满足相关性和外生性两个要求，从宏观制度中寻找合适的工具变量是学术界的通行做法(王曾等 2014)，因此本书选择研发费用加计扣除的行业均值作为工具变量进行稳健性检验。表4-7列示了2SLS模型检验结果。由第(4)列可知，研发费用加计扣除综合测度与企业全要素生产率的回归系数为0.408，在1%水平上显著正相关。本书研究结论不变。

5) DID 模型

为了缓解研发费用加计扣除与企业全要素生产率之间的内生性问题,本节借鉴吴秋生和王婉婷(2020)、熊波和杜佳琪(2020)的研究,以 2015 年研发费用加计扣除政策的变更为准自然实验,构建双重差分法(DID)进行稳健性检验。具体而言,如果一家企业在 2015 年及之后被认定为高新技术企业则其 $kcdid$ 取值为 1,否则取值为 0。表 4-8 第(1)列列示了 DID 稳健性检验结果。由第(1)列可知,DID 模型中研发费用加计扣除与企业全要素生产率的回归系数是 0.018,在 5% 水平上显著正相关,进一步说明研发费用加计扣除的实施能够有效提高企业全要素生产率。本章研究结论不变。

6) PSM‑DID 模型

为了克服样本选择性偏误所导致的不良影响,本节借鉴熊波和杜佳琪(2020)的研究,采用双重差分倾向得分匹配(PSM‑DID)模型,控制不可观测但不随时间变化的样本组间差异(蒋长流等,2020),进行稳健性检验。本节选取企业规模、资产负债率、企业成长性、董事会规模、董事长与总经理兼任情况、独立董事比例、企业年龄、股权集中度、管理层持股比例、净资产收益率、产权性质、经营现金流,同时控制年度和行业进行 Logit 回归,得到实验组每个样本的倾向匹配得分,然后进行一对一的高同质配对。表 4-8 第(2)列列示了 PSM‑DID 模型的稳健性检验结果。由第(2)列可知,PSM‑DID 模型中研发费用加计扣除与企业全要素生产率的回归系数是 0.057,在 1% 水平上显著正相关。本章研究结论保持不变。

7) PSM‑OLS 模型

为进一步改进内生性问题,本节采用 PSM‑OLS 模型进行研发费用加计扣除稳健性检验,表 4-8 第(3)列列示了 PSM‑OLS 模型的稳健性检验结果。由第(3)列可知,研发费用加计扣除与全要素生产率的回归系数是 0.027,在 1% 水平上显著正相关,进一步验证了研究假设 4.1。

表 4-8　DID 模型、PSM-DID 模型、PSM-OLS 模型对研发费用加计扣除与企业全要素生产率关系的检验结果

变量	DID 模型 (1)	PSM-DID 模型 (2)	PSM-OLS 模型 (3)
$kczh$			0.027***
			(3.403)
$kcdid$	0.018**	0.057***	
	(2.182)	(3.335)	
$lnasset$	0.456***	0.442***	0.477***
	(65.087)	(14.930)	(20.066)
lev	0.188***	0.288***	0.220***
	(6.971)	(3.062)	(2.821)
$growth$	0.174***	0.135***	0.144***
	(35.636)	(6.320)	(7.970)
$lndsh$	0.114***	0.152*	0.075
	(3.982)	(1.707)	(0.949)
$ifjz$	0.007	−0.012	0.023
	(0.853)	(−0.569)	(1.112)
$indep$	0.278***	0.381*	0.225
	(3.205)	(1.680)	(1.093)
$lnclage$	0.100**	0.209	0.124
	(2.230)	(1.355)	(1.129)
$first$	−0.055	−0.166	−0.137
	(−1.175)	(−0.953)	(−0.984)
$manhold$	−0.011	0.244*	0.185
	(−0.331)	(1.678)	(1.534)
roe	0.320***	0.296***	0.377***
	(18.441)	(4.472)	(5.224)
soe	−0.030	−0.092	−0.082
	(−1.213)	(−1.287)	(−1.373)

(续表)

变量	DID 模型 (1)	PSM-DID 模型 (2)	PSM-OLS 模型 (3)
$cashflow$	0.557***	0.554***	0.674***
	(12.727)	(3.713)	(5.619)
常数项	3.949***	3.470***	3.582***
	(17.686)	(4.735)	(6.765)
年度固定效应	YES	YES	YES
行业固定效应	YES	YES	YES
样本量	18 087	4 601	6 057
R^2	0.539	0.566	0.612
Adj. R^2	0.442	0.563	0.609

注：*、**、*** 分别表示回归系数在10%、5%、1%的置信水平下显著，括号内为公司层面聚类后的稳健T统计量。

8) 重新测度被解释变量

基于前文分析，本节分别考察研发费用加计扣除强度、可得性、持续性和普惠性四个维度对企业全要素生产率的影响。表4-9为研发费用加计扣除各维度与企业全要素生产率的回归结果。由第(1)列可知，研发费用加计扣除强度与企业全要素生产率的回归系数为0.260，在1%水平上显著相关，这表明研发费用加计扣除强度越大，企业全要素生产率越高。由第(2)列可知，研发费用加计扣除可得性与企业全要素生产率的回归系数为0.075，在1%水平上显著相关，这表明研发费用加计扣除可得性越高，企业全要素生产率越高，说明企业能够较好地把握应纳税所得额，最终达到税收筹划的目的。由第(3)列可知，研发费用加计扣除政策普惠性与企业全要素生产率的回归系数为0.013，在5%水平上显著相关，表明当研发费用加计扣除政策逐步完善时，加计扣除费用口径逐步增加，这能够有效提高企业全要素生产率。由第(4)列可知，研发费用加计扣除持续性与企业全要素生产率的回归系数为 0.051,在 1% 水平上显著相关,这表明当企业能够持续享受研发费用加计扣除政策时,企业全要素生产率能够持续上升。以上回归结果再次验证了研发费用加计扣除能够促进企业全要素生产率提升的结论。

表 4-9 研发费用加计扣除各维度与企业全要素生产率的回归结果

变量	lp			
	(1)	(2)	(3)	(4)
kcqd	0.260***			
	(14.233)			
avaf		0.075***		
		(2.579)		
kcph			0.013**	
			(2.065)	
kccx				0.051***
				(2.613)
ln$asset$	0.576***	0.571***	0.573***	0.571***
	(63.041)	(61.166)	(61.520)	(61.296)
lev	0.594***	0.567***	0.570***	0.567***
	(11.198)	(10.466)	(10.497)	(10.462)
growth	0.129***	0.130***	0.129***	0.131***
	(12.209)	(12.438)	(12.305)	(12.515)
lndsh	−0.114**	−0.111**	−0.112**	−0.115**
	(−2.197)	(−2.103)	(−2.110)	(−2.181)
ifjz	0.044***	0.034**	0.035**	0.034**
	(2.901)	(2.189)	(2.230)	(2.170)
indep	−0.293*	−0.287*	−0.287*	−0.286*
	(−1.790)	(−1.721)	(−1.722)	(−1.717)
ln$clage$	0.086***	0.058**	0.059**	0.054**
	(3.553)	(2.346)	(2.380)	(2.187)

(续表)

变量	lp			
	(1)	(2)	(3)	(4)
$first$	0.360***	0.355***	0.353***	0.341***
	(6.083)	(5.891)	(5.852)	(5.609)
$manhold$	0.017	0.056	0.051	0.058
	(0.389)	(1.253)	(1.141)	(1.308)
roe	0.631***	0.672***	0.665***	0.661***
	(14.595)	(15.178)	(15.052)	(14.972)
soe	0.034	0.034	0.035	0.031
	(1.434)	(1.391)	(1.453)	(1.270)
$cashflow$	0.623***	0.728***	0.724***	0.721***
	(6.629)	(7.668)	(7.634)	(7.589)
常数项	1.573***	1.701***	1.658***	1.734***
	(6.821)	(7.189)	(7.019)	(7.307)
年度固定效应	YES	YES	YES	YES
行业固定效应	YES	YES	YES	YES
样本量	23 409	23 409	23 409	23 409
R^2	0.702	0.691	0.691	0.692
Adj. R^2	0.701	0.691	0.691	0.691

注：*、**、***分别表示回归系数在10%、5%、1%的置信水平下显著，括号内为公司层面聚类后的稳健 T 统计量。

4.4 企业异质性分析

企业作为一个持续成长和进化的有机体，在整个生命周期中，能够形成其特有的、具备价值的重要技能和知识，并且这些技能和知识很难被其他企业模仿和取代，其他企业也无法通过公开渠道获得。企业产权性质、所处生命周期和要素密集度是企业性质的重要表现，能够反映企业所处的发展阶段。根据"羊群效应",处于同一阶段的企业可以被认为是同一类"羊群",其会有一些相似的经营决策。因此,本节进一步分析企业产权性质、所处生命周期和要素密集度对研发费用加计扣除与企业全要素生产率关系的影响,旨在为研发费用加计扣除的实施提供借鉴。

4.4.1 产权性质异质性

对于国有企业来讲,政府既是企业利润的受益者,也是税收的征收者,因此企业利润和税收本质都是国家财富,而民营企业则不同,只有税后收益才属于企业所有者(李万福和杜静,2016)。Bradshaw 等(2016)提出了国有产权的代理成本,认为国有企业需要承担更高的税收和实施更低程度的纳税筹划来维护国有大股东的利益。对于民营企业而言,其高管与所有者利益一致,所以更倾向于维护股东利益最大化(白云霞等,2019)。另外,国有企业的管理者不仅要努力提高企业经营业绩,还需要履行一些社会职责,完成一定的社会目标,比如维持地方就业、提供地方公共物品(林毅夫和李志赟,2004)。而财政税收也是国有企业履行社会职责的体现,也是国资委对国有企业进行业绩评价的重要标准(Du等,2012)。Bradshaw 等(2016)认为国有企业的税负可能会影响管理者的职业生涯。而对于民营企业尤其是中小企业来讲,企业管理者就是所有者,委托人和代理人的利益是一致的(王亮亮,2016)。根据信息不对称理论,由于存在信息的不对称现象,外部投资者难以分辨企业业绩的下滑到底是纳税筹划的结果还是由经营不善导致,在国有企业中,信息不对称情况更严重,税收筹划会导致财务报告成本的提高(李万福和杜静,2016)。基于上述分析,本书认为研发费用加计扣除的实施,在民营企业更能够提高企业全要素生产率。

表 4-10 为产权性质异质性和生命周期异质性的研发费用加计扣除与企业全要素生产率关系检验结果。由第(1)列可知,在国有企业样本中,研发费用加计扣除综合测度与企业全要素生产率的回归系数为 0.060,在 1% 水平上显著正相关;由第(2)列可知,在非国有企业样本中,研发费用加计扣除综合测度与企业全要素生产率的回归系数为 0.062,在 1% 水平上显著正相关,这

表明不管是国有企业还是非国有企业，研发费用加计扣除的实施都能够有效提高企业全要素生产率。同时，通过组间系数差异检验得出，无论在国有企业还是非国有企业中，两者关系都不存在明显差异，这说明国有企业同样注重研发费用加计扣除为企业带来的经济效益。

表 4-10　产权性质异质性和生命周期异质性的研发费用加计扣除与企业全要素生产率关系检验结果

变量	lp				
	国有企业	非国有企业	初创期企业	成长期企业	成熟期企业
	(1)	(2)	(3)	(4)	(5)
$kczh$	0.060***	0.062***	0.029	0.045**	0.067***
	(5.055)	(6.747)	(0.948)	(2.425)	(8.266)
$lnasset$	0.575***	0.560***	0.617***	0.563***	0.566***
	(40.248)	(46.276)	(17.839)	(34.492)	(54.904)
lev	0.402***	0.652***	0.525***	0.751***	0.525***
	(4.208)	(10.609)	(2.942)	(8.416)	(8.622)
$growth$	0.106***	0.150***	0.150**	0.080***	0.139***
	(6.341)	(11.232)	(2.214)	(2.933)	(12.204)
$lndsh$	−0.091	−0.140**	−0.064	−0.007	−0.140**
	(−1.020)	(−2.333)	(−0.397)	(−0.079)	(−2.351)
$ifjz$	0.020	0.034**	0.058	0.029	0.038**
	(0.542)	(2.031)	(1.118)	(1.070)	(2.105)
$indep$	0.076	−0.532***	−0.301	−0.238	−0.303
	(0.281)	(−2.620)	(−0.611)	(−0.890)	(−1.608)
$lnclage$	0.151***	0.034	−0.036	0.046	0.068
	(2.841)	(1.233)	(−0.337)	(0.632)	(1.469)
$first$	0.490***	0.279***	−0.037	0.455***	0.321***
	(4.432)	(3.953)	(−0.191)	(4.758)	(4.817)
$manhold$	0.520	0.068	−0.129	0.100	0.082
	(1.297)	(1.516)	(−1.114)	(1.418)	(1.608)

(续表)

变量	lp				
	国有企业	非国有企业	初创期企业	成长期企业	成熟期企业
	(1)	(2)	(3)	(4)	(5)
roe	0.652***	0.679***	1.479***	0.861***	0.643***
	(8.975)	(12.468)	(3.621)	(7.812)	(13.386)
soe			−0.173*	−0.009	0.040
			(−1.925)	(−0.240)	(1.516)
$cashflow$	0.647***	0.772***	0.238	0.506***	0.766***
	(3.873)	(6.937)	(0.715)	(3.022)	(6.973)
常数项	1.500***	2.194***	1.001	1.673***	2.000***
	(4.147)	(7.012)	(1.196)	(4.193)	(7.281)
年度固定效应	YES	YES	YES	YES	YES
行业固定效应	YES	YES	YES	YES	YES
样本量	8 930	14 479	663	3 620	17 770
R^2	0.724	0.643	0.836	0.731	0.682
Adj. R^2	0.723	0.642	0.827	0.728	0.681
组间系数差异检验	0.06(0.810)		2.65(0.104)		

注：*、**、***分别表示回归系数在10%、5%、1%的置信水平下显著，括号内为公司层面聚类后的稳健T统计量。

4.4.2 生命周期异质性

根据企业生命周期理论，企业组织是存在生命形态的有机体，其与自然界生物一样完成从出生到死亡的经历，同样存在明显的生命周期特征（Adizes，1988）。已有研究认为在生命周期的不同阶段，企业的规模、投资策略、盈利能力、研发能力等会有较大的区别，企业发展的需求和目标也会有所不同（Miller 和 Friesen，1984；刘诗源等，2020）。对企业生命周期阶段进行划分时，需要考虑企业多个维度的特征，如企业管理方法是否成熟、企业现金流量大小以及企业年龄的大小。本节借鉴董晓芳和袁燕（2014）、李贲和吴利华

(2018)等的研究,将企业生命周期区分为三个阶段:初创期(企业年龄为 1—6 年)、成长期(企业年龄为 7—11 年)和成熟期(企业年龄为 12 年及以上)。处于不同生命周期的企业必然会结合自己所处阶段的经营状况来迎接市场竞争的挑战(文芳,2009),从而提高企业全要素生产率。同时,结合我国现行税制及税收激励措施的主要特征,本节认为,研发费用加计扣除对处于不同生命周期阶段的企业的激励效应是不同的。

处于初创期的企业面临着市场进入障碍,对消费者的需求和企业的发展动向不够明确,同时企业也缺乏相应的科研人员及管理团队。在融资方面,由于这些企业在市场上还没有建立良好的声誉机制,外源性融资渠道较窄(黄宏斌等,2016),因此其只能依靠内源性融资。林洲钰等(2013)对我国国家知识产权局搜集的企业专利数据进行分析,发现处于初创期的企业倾向于开展"短平快"的研发项目,研发投入力度较低,其受税收负担的干扰更小(Mukherjee 等,2017)。另外,根据我国税收激励政策的实施现状可以发现,大部分政策是在企业盈利的条件下才能享受到的。企业研发费用加计扣除即企业的研发支出可在应纳税所得额中进行抵扣,如果没有盈利,则该项政策在当年是不可得的。因此,对于处于初创期的企业,如果其经营状况不好,企业管理较为混乱,则研发费用加计扣除的实施并不能有效促进企业全要素生产率的提高。

处于成长期的企业已经进入市场,具有一定的生产规模,市场发展前景较好,可依靠外源性融资。此外,企业已经拥有较为成熟的管理团队,开始多元化经营。这些企业需要大量的资金、人力以及技术资源,除了追加投资和引进外部投资(熊和平等,2016),税收优惠政策的使用也是其关注的方向。因此,处于成长期的企业能够利用研发费用加计扣除政策来降低企业税收成本,为企业增加现金流入,进而提高企业全要素生产率。

处于成熟期的企业生产经营模式成熟,组织机构完善,已经基本形成了自己的企业文化,并且建成了常规化的销售渠道,企业盈利能力达到高峰。这些企业在市场上已经建立了良好的声誉机制,能够以较低的成本获得较多的外部融资(黄宏斌等,2016)。基于前期积累的经验和销售网络所反馈的信息,为进一步扩大市场占有份额,提高企业的销售利润率,促进企业进一步发展,处于成熟期的企业会继续加大研发投入;且由于企业资本的积累,其相应投入可能相对较大,对税收优惠政策也会更为敏感。由于处于成熟期的企业盈利水平较高,以前年度积累的亏损可予以转回,研发费用加计扣除的金额也能在当期进行抵扣,从而可充分发挥税收优惠政策的节税作用(刘诗源等,2020)。因此,在处于成熟期的企业,研发费用加计扣除的实施能够有效提高企业全要素生产率。

表4-10为产权性质异质性和生命周期异质性的研发费用加计扣除与企业全要素生产率关系检验结果。由第(3)列可知,在企业初创期,研发费用加计扣除综合测度与企业全要素生产率的回归系数为0.029,但是并不显著;由第(4)列可知,在企业成长期,研发费用加计扣除综合测度与企业全要素生产率的回归系数为0.045,在5%水平上显著正相关;由第(5)列可知,在企业成熟期,研发费用加计扣除综合测度与企业全要素生产率的回归系数为0.067,在1%水平上显著正相关。以上结果表明,在初创期,企业致力于完善企业的生产制度等,而研发费用加计扣除的实施并不能激发企业的全要素生产率的提高;而在成长期和成熟期,企业会通过研发费用加计扣除政策的实施改善企业的经济发展。此外,通过组间系数差异检验得出,在处于成长期与成熟期的企业之间,研发费用加计扣除与企业全要素生产率的关系并不存在明显差异。

4.4.3 要素密集度异质性

根据对技术、资本和劳动力要素需求的不同,可将产业划分为技术密集型产业、资本密集型产业和劳动密集型产业(李善民和叶会,2007;鲁桐和党印,2014)。技术密集型产业主要依靠现代化的技术,拥有先进的生产工艺和大量的科研人员,其对技术和知识的依赖性较大;资本密集型产业在生产中需要大量的资本,资本与劳动力的比率通常较高;劳动密集型产业对劳动力需求相对较高,其资本成本相对较低(王凤荣和李靖,2005)。

由于对要素的需求不同,研发费用加计扣除政策在不同产业类型的企业内会产生不同的影响。技术密集型企业和资本密集型企业对技术创新的需求较大,故其对研发费用加计扣除的实施较为敏感。劳动密集型企业需要大量使用劳动力,对研发和资本的需求相对较少,但也需要一定的资金进行企业运营。在这类企业中,研发费用加计扣除能够降低应纳税所得额,减轻企业的税收成本,增加企业的现金流量。因此,对以上三种产业来说,研发费用加计扣除政策的实施都具有一定的现实意义。但是对于资本需求更高的资本密集型企业来说,研发费用加计扣除政策的实施更有吸引力(郭健等,2020)。

表 4-11 为要素密集度异质性的研发费用加计扣除与企业全要素生产率的关系检验结果。由第(1)列可知,在技术密集型企业中,研发费用加计扣除综合测度与企业全要素生产率的回归系数为 0.052,在 1% 水平上显著正相关;由第(2)列可知,在资本密集型企业中,研发费用加计扣除综合测度与企业全要素生产率的回归系数为 0.100,在 1% 水平上显著正相关;由第(3)列可知,在劳动密集型企业中,研发费用加计扣除综合测度与企业全要素生产率的回归系数为 0.072,在 1% 水平上显著正相关,表明在不同的要素密集度企业中,研发费用加计扣除的实施都会显著影响企业的全要素生产率。通过组间系数差异检验得出,技术密集型企业与资本密集型企业的 P 值小于 0.05,说明与技术密集型企业相比,企业研发费用加计扣除政策实施后对资本密集型企业的影响更大;资本密集型企业与劳动密集型企业的 P 值小于 0.05,说明与劳动密集型企业相比,研发费用加计扣除政策实施后对资本密集型企业的影响更大。

表 4-11 要素密集度异质性的研发费用加计扣除与企业全要素生产率的关系检验结果

变量	*lp*		
	技术密集型企业	资本密集型企业	劳动密集型企业
	(1)	(2)	(3)
kczh	0.052***	0.100***	0.072***
	(5.891)	(6.022)	(3.218)
ln*asset*	0.569***	0.539***	0.609***
	(50.311)	(31.074)	(23.318)

(续表)

变量	lp		
	技术密集型企业	资本密集型企业	劳动密集型企业
	(1)	(2)	(3)
lev	0.803***	0.206*	0.434***
	(12.849)	(1.804)	(3.248)
growth	0.127***	0.116***	0.181***
	(8.354)	(5.992)	(8.595)
ln*dsh*	−0.196***	0.117	−0.254**
	(−2.666)	(1.273)	(−2.259)
ifjz	0.041**	0.032	−0.004
	(2.273)	(0.962)	(−0.086)
indep	−0.697***	0.203	0.218
	(−3.195)	(0.604)	(0.576)
ln*clage*	0.099***	0.052	−0.084
	(3.668)	(0.903)	(−1.219)
first	0.251***	0.500***	0.289**
	(3.640)	(3.945)	(1.966)
manhold	0.044	0.064	0.235**
	(0.850)	(0.667)	(1.986)
roe	0.788***	0.388***	0.667***
	(12.882)	(5.556)	(6.154)
soe	0.055*	−0.060	0.056
	(1.812)	(−1.247)	(0.952)
cashflow	0.682***	0.671***	0.727***
	(5.614)	(3.357)	(3.383)
常数项	1.390***	2.259***	1.550***
	(4.731)	(5.159)	(2.609)
年度固定效应	YES	YES	YES
行业固定效应	YES	YES	YES

(续表)

变量	lp		
	技术密集型企业	资本密集型企业	劳动密集型企业
	(1)	(2)	(3)
样本量	12 429	6 946	4 034
R^2	0.743	0.647	0.687
Adj. R^2	0.742	0.645	0.683
组间系数差异检验(1—2)	24.42(0.000)		
组间系数差异检验(2—3)	4.14(0.042)		

注：*、**、*** 分别代表在10%、5%、1%的置信水平下显著，括号内为公司层面聚类后的稳健T统计量。

4.5 小结

本章利用市场失灵理论、税收激励理论等基础理论阐释了研发费用加计扣除政策对企业全要素生产率的作用机理，在此基础上，以2007—2019年深沪A股上市公司为研究对象，验证了企业研发费用加计扣除税收政策对企业的全要素生产率的影响，并进一步探讨了不同产权性质、企业所处不同生命周期和不同要素密集度下两者关系的显著性差异。研究结果表明：

(1) 研发费用加计扣除强度、可得性、持续性、普惠性以及整体政策的实施均能有效促进企业全要素生产率的提高。考虑可能存在的内生性问题，本章采用滞后效应、增加宏观因素、重新测度解释变量和被解释变量、固定效应模型、2SLS模型、DID模型、PSM-DID模型以及PSM-OLS模型进行了稳健性检验，研究结果均与原回归结果保持一致，证实了本书研究结论的稳健性。本章从研发费用加计扣除角度深化税收优惠政策对微观主体全要素生产率的影响研究，不仅为全要素生产率的影响因素提供了新的思路，且为研发费用加计扣除政策的实施、优化监管行为等提供了经验数据和理论支撑。

(2) 企业异质性对研发费用加计扣除与企业全要素生产率的关系产生了不同的影响。在产权性质差异下，不管是在国有企业还是非国有企业中，企业全要素生产率都会因享受研发费用加计扣除的税收优惠政策而得以提升，并且企业全要素生产率提升有利于促进企业发展。在企业所处生命周期差异下，处于初创期的企业，研发费用加计扣除的实施对企业全要素生产率没有促进作用，而在成长期和成熟期，企业会利用研发费用加计扣除政策实现减税效应。在要素密集度差异下，尽管在技术密集型企业、资本密集型企业以及劳动密集型企业中，研发费用加计扣除都能够提高企业全要素生产率，但是通过组间系数差异分析发现，两者的关系在资本密集型企业中的影响更大，说明研发费用加计扣除的减税效应能为企业提供充足的资金。

5 研发费用加计扣除影响企业全要素生产率的作用路径

第 4 章对研发费用加计扣除与企业全要素生产率的关系进行了剖析,本章将根据企业全要素生产率的影响因素,分析并检验技术进步、资源配置效率和组织管理水平在研发费用加计扣除影响企业全要素生产率中的传导作用,并进一步区分企业产权性质、所处生命周期和要素密集度,实证分析技术进步、资源配置效率和组织管理水平对研发费用加计扣除与企业全要素生产率的中介效应是否存在差异,进而寻求充分发挥研发费用加计扣除激励效应的路径和方法。

5.1 理论分析与假设提出

5.1.1 研发费用加计扣除、技术进步与企业全要素生产率

依据新古典经济增长理论,技术创新作为经济增长的外生因素,是提高企业全要素生产率的关键动力来源之一。企业作为经济活动的微观主体,其创新活动是国家创新战略的重要组成部分,也是促进技术进步、提高全要素生产率的关键。研发费用加计扣除可以为企业带来"蓄水池"效应,缓解企业的融资约束状况,激发企业将更多的资金配置到研发创新上,降低企业技术创新风险,提高企业技术创新的动力,进而促进企业全要素生产率的增长。

一方面，企业技术创新活动从研发投入到研发产出是一个漫长的过程，不仅需要高水平人才的支撑，还需要大量的研发资金投入，存在巨额的沉没成本和滞后效应(郑宝红和张兆国，2018)，因此企业面临较大的技术创新风险。研发费用加计扣除的实施能够降低企业应纳税所得额，增加企业的现金持有量，使企业占据"现金为王"的优势，进而优化企业资金配置效率，提高创新活动的风险防范能力，促进企业全要素生产率增长。同时，研发费用加计扣除为企业带来的高资本配置效率、充足现金流也会提高企业对外资的吸引力，有利于引进更多的优势技术，促进企业技术进步，提高企业全要素生产率。

另一方面，企业一旦从事研发活动，则需要持续投入巨额的财力和物力，并且这样的投入在短期内不一定能够取得效果(李端生和王晓燕，2019)，加之在研发投资过程中存在信息不对称等问题(陈海声和刘欣，2011)，保证企业拥有持续的研发资金投入对于提升企业的技术创新能力至关重要。研发费用加计扣除可以增加企业的现金流量，降低研发投入资本成本，提高企业的研发投入水平(Hall 和 Mairesse，1995；张新和任强，2013；Duguet，2007；卜祥来，2014)，进而激发企业技术创新活力，提高企业全要素生产率。此外，研发费用加计扣除可以通过提高企业的税收净收益，激发企业增加研发投入(Mukerjee 等，2017)，促进企业技术进步，提高企业全要素生产率。因此，研发费用加计扣除能够通过促进企业技术进步提高企业全要素生产率，故提出本书假设 5.1。

假设 5.1：在其他条件不变的情况下，研发费用加计扣除能够通过促进企业技术进步提高企业全要素生产率。

5.1.2 研发费用加计扣除、资源配置效率与企业全要素生产率

资源配置效率是影响企业全要素生产率和经济高质量发展的重要因素，当资本市场处于良性运转状态时，市场上的优质资源会从低生产效率的企业向高生产效率的企业流动，从而使社会资源配置得到优化，进而提高全要素生产率，促进经济高质量发展。由于资本市场上存在利率管制、信贷配给等

金融抑制,可能会引发信贷市场分割(鲁晓东,2008;邵挺,2010),使得本来高生产率的企业反而出现了融资困难的问题,导致资源配置效率低下,对企业的发展造成不利影响,影响企业全要素生产率(盖庆恩等,2015)。政府作为资源配置的重要主体,研发费用加计扣除的实施是政府调节资源配置的重要举措。研发费用加计扣除可以优化企业资源配置效率,缓解企业资本错配问题(陈雨露和马勇,2012;张杰等,2011)。一方面,根据信息不对称理论,政府配置资源时并不能掌握市场的全部信息,低生产率的企业可能会通过寻租等方式去享受其自身条件达不到的税收优惠政策,导致资源错配问题,从而不利于提高企业全要素生产率(安同良等,2009)。这同时也会打击那些高生产效率企业的信心,不利于形成良好的市场经济秩序,也不利于提高企业全要素生产率。研发费用加计扣除可以帮助研发费用较多的企业形成"蓄水池"效应,增加其现金流,促使资本向生产率更高、研发投入更高的企业集聚,进而优化企业之间的资源配置效率,提高企业全要素生产率。另一方面,研发费用加计扣除的重点在于提高企业内部的资源配置效率,不仅可以增加企业的自由现金流,缓解企业的融资约束状况,激发企业增加创新投入的积极性,进而优化企业内部的资源配置效率,提高企业全要素生产率;而且可以通过税收优惠的形式促使更多的企业关注研发创新活动,利用税收优化资金引进更多高新科技人才,提升企业的人力资源和资本配置效率,进而提高企业全要素生产率。基于此,本书提出假设5.2。

假设5.2:在其他条件不变的情况下,研发费用加计扣除能够通过优化资源配置提高企业全要素生产率。

5.1.3 研发费用加计扣除、组织管理水平与企业全要素生产率

企业的组织管理水平对公司治理能力、内部资源配置效率和企业全要素生产率具有重要影响。具备核心竞争力的组织管理水平,能够对企业资金活动、生产活动、资金分配等活动进行有效控制,优化资本要素配置效率(张广胜和孟茂源,2020),同时,较高的组织管理水平能够规范相应的授权审批控

制、会计系统控制、预算控制等,及时发现企业各组成部分产生的随机问题(Doyle等,2007;Ashbaugh-Skaife等,2008),进一步降低企业风险,提高企业全要素生产率。如果企业的内部机构设计不科学,可能会导致权责分配不合理、组织运行效率低下;形同虚设的公司治理结构会导致企业缺乏科学决策,使企业无法充分利用税收优惠政策,从而降低企业资本配置效率(刘玉廷,2010)。同时,较高的组织管理水平有利于企业对未来发展趋势作出科学评判,并制定适应企业外部环境和自身情况的发展战略,从而更好地促进企业利用研发费用加计扣除带来的现金流,提高资本配置效率,进而提高企业全要素生产率。

研发费用加计扣除赋予了企业更多的自主选择权,符合享受政策的企业可以选择申报或者不申报研发费用加计扣除的税收优惠。企业若想享受研发费用加计扣除政策,必须建立完善的制度和科学的组织架构,包括良好的内部机构和治理机构。另外,研发费用加计扣除政策需要专业人员实施,企业若希望获得较高的税收优惠,就需要培养和引进相关的人才。同时,高水平的专业人员也能为企业经营发展提供储备力量,这在很大程度上会倒逼企业提高组织管理水平,进而提高企业全要素生产率。根据资源基础理论,较高的管理水平和独特的管理方式可以成为企业的核心竞争力,具体来讲,高组织管理水平能够为企业建立良好的内部环境,使企业各环节的权利和责任清晰。较高的组织管理水平可以实现企业各利益主体之间的互相制约、互相监督,降低企业代理成本,保证企业经营决策等战略措施得到有力执行,从而促进企业全要素生产率的提高(郭檬楠和李校红,2020;罗劲博,2017)。研发费用加计扣除政策的倒逼机制可以有效增强企业的组织管理水平,进而提高企业全要素生产率。

研发费用加计扣除可以通过提高企业的组织管理水平,优化企业风险评估程序,及时发现在资源因素、财务因素、创新因素等方面存在的风险,建立相应的预案和处理办法,尽可能将风险控制在可承受范围内。同时,它可限制经理人过度的风险投资等行为,提高企业资本配置效率,从而降低企业投资风险(张国清等,2015),促进企业全要素生产率的提高。另外,研发费用加计扣除可以通过增强企业的组织管理水平来降低信息不对称程度,减少由财务报告不确定性所导致的错误定价或决策的损失,加强企业内部管理层、员工以及股东之间的沟通,向投资者传递真实的盈利能力和经营状况,进而降低企业的债务成本(Franco等,2016),提升企业内部运行效率,提高企业全要素生产率。基于此,本书提出假设5.3。

假设5.3:在其他条件不变的情况下,研发费用加计扣除能够通过提高组织管理水平来提高企业全要素生产率。

研发费用加计扣除影响企业全要素生产率的作用路径如图5-1所示。

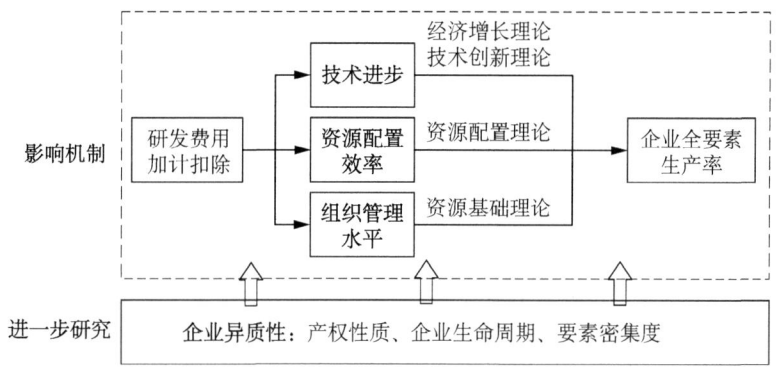

图5-1 研发费用加计扣除影响企业全要素生产率的作用路径

资料来源:作者采用Visio软件绘制。

5.2 研究设计

5.2.1 变量选取与测度

1) 技术进步

技术进步作为一个外生变量,通常被认为是提升企业全要素生产率的重要动力之一。对于企业来讲,技术进步的重要源泉就是研发投入形成的知识资本和人力资本积累,研发投入是促进企业技术进步的最关键性因素(郑宝红和张兆国,2018)。因此,本章借鉴杨兴全和曾义(2014)、郑宝红和张兆国(2018)的研究,采用研发投入与总资产比重(rdinput)作为技术进步的衡量指标。该指标比值越大,说明企业研发投入水平越高,技术水平也越高。

2) 资源配置效率

由于研发费用加计扣除实施的主要目的是减轻税负和刺激投资,本书认为研究资源配置效率可以投资效率为视角,厘清研发费用加计扣除对企业全要素生产率的作用机制(熊波和杜佳琪,2020)。因此,本章借鉴 Richardson(2006)、熊波和杜佳琪(2020)的研究,采用 Richardson 模型计算企业的非效率投资水平(over),该值越大说明企业投资效率越低,资源配置效率越低。

3) 组织管理水平

研发费用加计扣除在一定程度上可以促进企业强化管理力度,提升财务管理水平,形成良好的技术创新活动报告机制,积累管理经验,从而提升企业效率。而已有文献表明,企业建立相互制约的控制系统,有利于企业合理配置人员,减少企业非理性行为(杨德明和辛清泉,2006),而完善的内部控制制度能够有效提高公司治理水平(邵颖红等,2021)。因此,本章采用迪博内部控制指数(lnic)来衡量企业管理水平,该指数越大,说明企业组织管理水平越高。

本章主要变量定义详见表 5-1,其他变量详见表 4-2。

表 5-1　研发费用加计扣除与企业全要素生产率影响机制主要变量定义

变量名称	变量符号	计算方法
技术进步	$rdinput$	研发费用/总资产
资源配置效率	$over$	根据 Richardson 模型进行计算
组织管理效率	$lnic$	迪博内部控制指数加 1 的自然对数

5.2.2 实证模型设计

为验证假设 5.1,即研发费用加计扣除是否能够通过促进企业技术进步进而提高企业全要素生产率,本书借鉴温忠麟等(2004)的研究,构建如下中介效应模型:

$$rdinput_{it} = \alpha_0 + \alpha_1 kczh_{it} + \beta controls_{it} + \sum Year + \sum Industry + \varepsilon_{it} \tag{5.1}$$

$$lp_{it} = \alpha_0 + \alpha_1 kczh_{it} + \alpha_2 rdinput_{it} + \beta controls_{it} + \sum Year + \sum Industry + \varepsilon_{it} \tag{5.2}$$

为验证假设 5.2,即研发费用加计扣除是否能够通过提高企业资源配置效率进而提高企业全要素生产率,构建如下中介效应模型:

$$over_{it} = \alpha_0 + \alpha_1 kczh_{it} + \beta controls_{it} + \sum Year + \sum Industry + \varepsilon_{it} \tag{5.3}$$

$$lp_{it} = \alpha_0 + \alpha_1 kczh_{it} + \alpha_2 over_{it} + \beta controls_{it} + \sum Year + \sum Industry + \varepsilon_{it} \tag{5.4}$$

为验证假设 5.3,即研发费用加计扣除是否能够通过提高企业组织管理水平进而提高企业全要素生产率,构建如下中介效应模型:

$$\ln ic_{it} = \alpha_0 + \alpha_1 kczh_{it} + \beta controls_{it} + \sum Year + \sum Industry + \varepsilon_{it} \tag{5.5}$$

$$lp_{it} = \alpha_0 + \alpha_1 kczh_{it} + \alpha_2 \ln ic_{it} + \beta controls_{it} + \sum Year + \sum Industry + \varepsilon_{it} \tag{5.6}$$

其中,lp 表示企业全要素生产率;kczh 表示研发费用加计扣除综合测度;rdinput 表示技术进步;over 表示资源配置效率;lnic 表示组织管理水平;α_0 表示常数项;ε_{it} 表示扰动项;i 表示公司,t 表示年份;Year 表示时间固定效应;Industry 表示行业固定效应;controls 表示控制变量。

5.3 实证检验

5.3.1 描述性统计

表 5-2 为研发费用加计扣除与企业全要素生产率影响机制主要变量描述性统计结果。由表 5-2 可知,技术进步均值为 0.017,最小值为 0,最大值为 0.091,说明整体企业研发投入水平较低,国家应该采取积极的财税政策鼓励企业进行创新活动。资源配置效率均值为 0.059,最小值为 0,最大值为 0.620,说明企业普遍存在非效率投资的问题,对企业的长效发展存在一定的阻碍作用,非效率投资问题是企业亟待解决的问题之一。组织管理水平均值为 6.320,最小值为 0,最大值为 6.904,说明企业内部控制水平差异较大,但平均值相对较高。该统计结果说明虽然企业组织管理水平存在一定的差异,但是研发费用加计扣除的实施能够提高企业组织管理水平,对促进企业全要素生产率的提高具有一定的现实意义。其他变量描述性统计结果详见表 4-3。

表 5-2 研发费用加计扣除与企业全要素生产率影响机制主要变量描述性统计结果

变量名称	样本量	均值	标准差	p25	p50	p75	最小值	最大值
lp	23 409	14.850	0.966	14.210	14.770	15.410	12.080	17.810
$kczh$	23 409	0.214	1.429	−0.972	−0.122	1.072	−1.613	4.226
$rdinput$	23 409	0.017	0.019	0	0.013	0.026	0	0.091
$over$	6 414	0.059	0.060	0.017	0.041	0.082	0	0.620
$lnic$	23 409	6.320	1.043	6.434	6.511	6.560	0	6.904

注:p25、p50 和 p75 分别表示 1/4、1/2 和 3/4 分位数。

5.3.2 相关性分析

表5-3为研发费用加计扣除与企业全要素生产率影响机制主要变量相关性统计结果。由表5-3可知,研发费用加计扣除综合测度与技术进步的相关系数是0.588,在1%水平上显著正相关;企业全要素生产率与技术进步的相关系数是-0.054,在1%水平上显著负相关,这表明研发费用加计扣除的实施提高了企业的研发投入。研发费用加计扣除综合测度与资源配置效率的相关系数是-0.077,在1%水平上显著负相关;企业全要素生产率与资源配置效率的相关系数是-0.095,在1%水平上显著负相关,这说明研发费用加计扣除降低了非效率投资,进而提高了企业全要素生产率。研发费用加计扣除综合测度与组织管理效率的相关系数是0.101,在1%水平上显著正相关;企业全要素生产率与组织管理效率的相关系数是0.107,在1%水平上显著正相关,这表明研发费用加计扣除的实施能够提高企业组织管理水平,而组织管理水平的提高又会作用于全要素生产率,促进企业全要素生产率的提高。

表5-3 研发费用加计扣除与企业全要素生产率影响机制主要变量相关性统计结果

变量	lp	$kczh$	$rdinput$	$over$	$lnic$
lp	1				
$kczh$	0.144***	1			
$rdinput$	-0.054***	0.588***	1		
$over$	-0.095***	-0.077***	-0.046***	1	
$lnic$	0.107***	0.101***	-0.042***	0.008	1

注:*、**、***分别表示回归系数在10%、5%、1%的置信水平下显著。

5.3.3 实证结果分析

表5-4报告了研发费用加计扣除对企业全要素生产率影响机制的回归结果。从第(1)列至第(2)列可以看出,技术进步与研发费用加计扣除综合测

表 5-4 研发费用加计扣除对企业全要素生产率影响机制回归结果

变量	rdinput (1)	lp (2)	over (3)	lp (4)	lnic (5)	lp (6)
kczh	0.008***	0.018**	−0.004***	0.055***	0.041***	0.063***
	(36.135)	(2.166)	(−4.709)	(4.861)	(4.421)	(8.612)
rdinput		5.439***				
		(10.054)				
over				−1.452***		
				(−11.313)		
lnic						0.016***
						(2.956)
lnasset	−0.002***	0.575***	−0.001	0.574***	0.043***	0.566***
	(−7.819)	(62.692)	(−0.881)	(46.824)	(4.584)	(61.171)
lev	−0.005***	0.592***	0.018***	0.366***	−0.357***	0.573***
	(−4.350)	(11.137)	(2.692)	(5.139)	(−6.077)	(10.696)
growth	0.001***	0.131***	0.017***	0.125***	−0.009	0.135***
	(4.609)	(12.398)	(6.707)	(7.257)	(−0.426)	(12.935)

（续表）

变量	rdinput (1)	lp (2)	over (3)	lp (4)	lnic (5)	lp (6)
lndsh	0.000	-0.117**	-0.007	-0.017	0.0310	-0.117**
	(0.111)	(-2.253)	(-1.285)	(-0.246)	(0.666)	(-2.226)
ifjz	-0.001***	0.041***	-0.002	0.029	-0.027	0.035**
	(-3.391)	(2.730)	(-1.070)	(1.277)	(-1.617)	(2.252)
indep	0.001	-0.294*	0.008	-0.214	0.280*	-0.291*
	(0.410)	(-1.790)	(0.411)	(-0.997)	(1.834)	(-1.755)
lnclage	-0.006***	0.090***	-0.009***	0.000	-0.085***	0.060**
	(-10.142)	(3.688)	(-3.651)	(0.008)	(-4.473)	(2.417)
first	-0.004***	0.362***	0.001	0.371***	0.040	0.342***
	(-2.604)	(6.084)	(0.226)	(4.518)	(0.773)	(5.724)
manhold	0.010***	0.010	0.005	0.134**	0.130***	0.062
	(8.625)	(0.234)	(0.857)	(2.266)	(3.113)	(1.403)
roe	0.007***	0.629***	-0.005	0.644***	1.867***	0.639***
	(9.448)	(14.463)	(-0.570)	(8.206)	(16.624)	(14.477)

(续表)

变量	rdinput (1)	lp (2)	over (3)	lp (4)	lnic (5)	lp (6)
soe	−0.001*	0.030	−0.006**	−0.005	0.047**	0.025
	(−1.647)	(1.270)	(−2.418)	(−0.161)	(2.199)	(1.020)
cashflow	0.013***	0.631***	0.065***	0.723***	−0.083	0.701***
	(6.333)	(6.704)	(4.727)	(5.413)	(−0.608)	(7.405)
常数项	0.061***	1.607***	0.103***	1.840***	5.624***	1.851***
	(12.133)	(6.844)	(4.290)	(6.068)	(25.368)	(7.793)
年度固定效应	YES	YES	YES	YES	YES	YES
行业固定效应	YES	YES	YES	YES	YES	YES
样本量	23 409	23 409	6 414	6 414	23 409	23 409
R^2	0.532	0.700	0.054	0.698	0.116	0.695
Adj. R^2	0.531	0.700	0.048	0.696	0.115	0.695
Sobel 检验	17.93(0.000)		5.41(0.000)		−2.178(0.029)	

注：*，**，*** 分别表示回归系数在 10%，5%，1% 的置信水平下显著。

度的回归系数为0.008,在1%水平上显著正相关;企业全要素生产率与研发投入的回归系数为5.439,在1%水平上显著正相关,这说明研发费用加计扣除能够通过提高研发投入水平影响企业全要素生产率,研发投入力度的增加对研发费用加计扣除政策影响企业全要素生产率产生了部分中介效应,验证了假设5.1。同时,本节进一步通过Sobel检验发现P值为0.000,研究结论不变。

从第(3)列至第(4)列可以看出,资源配置效率与研发费用加计扣除综合测度的回归系数为-0.004,在1%水平上显著负相关;企业全要素生产率与资源配置效率的回归系数为-1.452,在1%水平上显著负相关。这说明研发费用加计扣除的实施能够降低非效率投资,而非效率投资的降低能够提高企业全要素生产率,研发费用加计扣除能够通过提高企业资源配置效率影响企业全要素生产率,即优化资源配置效率对研发费用加计扣除影响企业全要素生产率产生了部分中介效应,验证了假设5.2。同时,本节进一步通过Sobel检验发现P值为0.000,研究结论不变。

从第(5)列至第(6)列可以看出,组织管理水平与研发费用加计扣除综合测度的回归系数为0.041,在1%水平上显著正相关;企业全要素生产率与组织管理水平的回归系数为0.016,在1%水平上显著正相关。这说明研发费用加计扣除能够提高企业组织管理水平,而组织管理水平的提高又能有效促进企业生产经营效率,进而提高企业全要素生产率,即组织管理水平对研发费用加计扣除影响全要素生产率产生了部分中介效应,验证了假设5.3。同时,本节进一步通过Sobel检验发现P值为0.029,研究结论不变。

5.3.4 稳健性检验

为了保证本章研究结论的稳健性,本节先考虑了滞后效应和宏观因素的影响,并进一步采用重新测度解释变量改进因测量误差引起的内生性问题;采用固定效应模型改进因遗漏变量误差产生的内生性问题,以消除不随时间变化、无法观测因素的影响;采用2SLS模型改进反向因果关系的内生性问题;采用PSM-OLS模型改进样本选择偏差引起的内生性问题,以使研究结构更加稳健。

1) 考虑滞后效应和宏观因素的影响

由于研发费用加计扣除政策具有滞后效应,与本书第4.3.4节相同,为验证实证结果的稳健性,本节将研发费用加计扣除滞后一期进行稳健性检验。同时,增加宏观层面控制变量:地区经济发展水平,用地区生产总值的自然对数衡量;对外开放水平,用外商投资占GDP的比重衡量;城市工资水平,用城市在岗职工平均工资的自然对数衡量。表5-5列示了考虑滞后效应的检验结果。由第(1)列至第(3)列可知,相关回归系数显著性均未发生改变。表5-6列示了考虑宏观因素影响的检验结果。由第(1)列至第(3)列可知,相关回归系数显著性均未发生改变。本章研究结论不变。

2) 重新测度被解释变量

与本书第4.3.4节相同,本节借鉴Wooldridge(2009)的研究,采用基于GMM模型的估计法对企业全要素生产率进行测度;此外,本书借鉴Olley和Pakes(1996)的研究,采用OP法测度企业全要素生产率。表5-7为基于GMM模型的稳健性检验的回归结果。从第(1)列至第(2)列可以看出,技术进步与研发费用加计扣除综合测度的回归系数为0.008,在1%水平上显著正相关;企业全要素生产率与技术进步的回归系数为4.465,在1%水平上显著正相关。从第(3)列至第(4)列可以看出,资源配置效率与研发费用加计扣除综合测度的回归系数为-0.004,在1%水平上显著负相关;企业全要素生产率与资源配置效率的回归系数为-1.467,在1%水平上显著负相关。从第(5)列至第(6)列可以看出,组织管理水平与研发费用加计扣除综合测度的回归系数为0.041,在1%水平上显著正相关;企业全要素生产率与组织管理水平的回归系数为0.021,在1%水平上显著正相关。本章研究结论不变。

表5-8为基于OP法的稳健性检验的回归结果。从第(1)列至第(2)列可以看出,技术进步与研发费用加计扣除综合测度的回归系数为0.008,在1%水平上显著正相关;企业全要素生产率与技术进步的回归系数为4.175,在1%水平上显著正相关。从第(3)列至第(4)列可以看出,资源配置效率与研发费用加计扣除综合测度的回归系数为-0.004,在1%水平上显著负相关;

表 5-5 考虑滞后效应的检验结果（一）

变量	lnic (1)	lp (2)	over (3)	lp (4)	rdinput (5)	lp (6)
kczh	0.011 (1.332)	0.052*** (6.751)	−0.003*** (−3.023)	0.052*** (4.391)	0.007*** (27.494)	0.013* (1.749)
lnic		0.014** (2.510)				
over				−1.460*** (−11.215)		
rdinput						5.801*** (11.925)
lnasset	0.028*** (3.238)	0.563*** (60.876)	−0.001 (−0.742)	0.568*** (45.560)	−0.002*** (−7.327)	0.572*** (62.724)
lev	−0.303*** (−6.055)	0.602*** (11.134)	0.019*** (2.843)	0.400*** (5.462)	−0.004*** (−3.303)	0.620*** (11.617)
growth	0.023 (1.226)	0.143*** (12.597)	0.018*** (6.457)	0.131*** (7.142)	0.001*** (3.086)	0.140*** (12.171)

(续表)

变量	lnic (1)	lp (2)	over (3)	lp (4)	rdinput (5)	lp (6)
lndsh	0.042	−0.118**	−0.006	−0.010	0.000	−0.120**
	(0.983)	(−2.211)	(−1.002)	(−0.141)	(0.301)	(−2.267)
ifjz	−0.017	0.035**	−0.002	0.029	−0.001***	0.043***
	(−1.109)	(2.230)	(−1.168)	(1.257)	(−3.291)	(2.779)
indep	0.233*	−0.306*	0.010	−0.220	0.001	−0.307*
	(1.657)	(−1.808)	(0.521)	(−0.991)	(0.183)	(−1.828)
lnclage	−0.063***	0.062**	−0.010***	0.006	−0.006***	0.097***
	(−3.541)	(2.500)	(−3.889)	(0.211)	(−9.996)	(3.977)
first	0.017	0.344***	0.003	0.382***	−0.003*	0.361***
	(0.361)	(5.716)	(0.403)	(4.647)	(−1.899)	(6.035)
manhold	0.068*	0.059	0.004	0.113*	0.010***	0.002
	(1.718)	(1.339)	(0.812)	(1.886)	(8.179)	(0.037)
roe	1.951***	0.635***	−0.011	0.630***	0.007***	0.622***
	(17.077)	(13.817)	(−1.206)	(8.171)	(8.378)	(13.918)

(续表)

变量	lnic (1)	lp (2)	over (3)	lp (4)	rdinput (5)	lp (6)
soe	0.078***	0.024	−0.006**	−0.016	−0.001	0.029
	(4.090)	(0.988)	(−2.546)	(−0.493)	(−1.015)	(1.193)
cashflow	−0.139	0.746***	0.067***	0.792***	0.014***	0.660***
	(−1.093)	(7.706)	(4.692)	(5.688)	(6.393)	(6.885)
常数项	5.821***	1.961***	0.111***	1.993***	0.060***	1.700***
	(27.719)	(8.127)	(4.480)	(6.439)	(10.870)	(7.186)
年度固定效应	YES	YES	YES	YES	YES	YES
行业固定效应	YES	YES	YES	YES	YES	YES
样本量	22 220	22 220	6 064	6 064	22 220	22 220
R^2	0.127	0.696	0.053	0.698	0.440	0.703
Adj. R^2	0.126	0.695	0.047	0.696	0.439	0.702
Sobel 检验	−1.887(0.050)		5.222(0.000)		20.970(0.000)	

注：*、**、***分别表示回归系数在10%、5%、1%的置信水平下显著。

表 5-6 考虑宏观因素影响的检验结果（一）

变量	lnic (1)	lp (2)	over (3)	lp (4)	rdinput (5)	lp (6)
kczh	0.038***	0.056***	−0.004***	0.051***	0.008***	0.014*
	(4.057)	(7.530)	(−4.157)	(4.480)	(35.399)	(1.700)
lnic		0.014**				
		(2.577)				
over				−1.423***		
				(−10.940)		
rdinput						5.067***
						(8.979)
lnasset	0.047***	0.565***	−0.001	0.575***	−0.002***	0.574***
	(4.895)	(60.044)	(−0.947)	(46.200)	(−8.423)	(61.393)
lev	−0.371***	0.585***	0.018***	0.375***	−0.004***	0.602***
	(−6.255)	(10.852)	(2.630)	(5.224)	(−4.257)	(11.244)
growth	−0.008	0.134***	0.017***	0.125***	0.001***	0.130***
	(−0.357)	(12.723)	(6.687)	(7.273)	(4.318)	(12.245)
lndsh	0.018	−0.110**	−0.007	−0.013	0.001	−0.113**
	(0.397)	(−2.064)	(−1.228)	(−0.184)	(0.466)	(−2.133)

(续表)

变量	lnic (1)	lp (2)	over (3)	lp (4)	rdinput (5)	lp (6)
ifjz	−0.023	0.042***	−0.002	0.030	−0.001**	0.046***
	(−1.378)	(2.716)	(−1.003)	(1.297)	(−2.335)	(3.028)
indep	0.243	−0.299*	0.010	−0.248	0.001	−0.300*
	(1.562)	(−1.789)	(0.525)	(−1.141)	(0.208)	(−1.803)
lnclage	−0.081***	0.065***	−0.009***	0.001	−0.006***	0.093***
	(−4.275)	(2.621)	(−3.585)	(0.023)	(−9.908)	(3.764)
first	0.033	0.320***	0.003	0.360***	−0.004***	0.340***
	(0.632)	(5.281)	(0.492)	(4.354)	(−2.930)	(5.641)
manhold	0.128***	0.027	0.007	0.124**	0.008***	−0.013
	(3.024)	(0.615)	(1.225)	(2.048)	(7.430)	(−0.297)
roe	1.874***	0.641***	−0.005	0.647***	0.007***	0.630***
	(16.434)	(14.313)	(−0.621)	(7.950)	(9.265)	(14.272)
soe	0.049**	0.030	−0.006**	0.003	−0.001	0.035
	(2.264)	(1.234)	(−2.430)	(0.100)	(−1.358)	(1.432)
cashflow	−0.098	0.716***	0.063***	0.688***	0.013***	0.646***
	(−0.717)	(7.422)	(4.506)	(5.066)	(6.729)	(6.744)

（续表）

变量	lnic (1)	lp (2)	over (3)	lp (4)	rdinput (5)	lp (6)
$\ln gdp$	0.006	0.039***	−0.002**	0.016	0.000	0.038***
	(0.682)	(3.274)	(−1.971)	(1.027)	(1.159)	(3.188)
fdi	0.013	0.013	−0.001	0.014	0.000**	0.012
	(1.367)	(1.434)	(−1.244)	(1.060)	(2.268)	(1.249)
$\ln wage$	0.016	0.024	0.003	−0.002	0.004***	0.006
	(1.014)	(1.295)	(1.442)	(−0.112)	(7.689)	(0.324)
常数项	5.556***	1.645***	0.117***	1.780***	0.062***	1.409***
	(23.437)	(6.360)	(4.268)	(5.362)	(11.352)	(5.533)
年度固定效应	YES	YES	YES	YES	YES	YES
行业固定效应	YES	YES	YES	YES	YES	YES
样本量	22 878	22 878	6 282	6 282	22 878	22 878
R^2	0.119	0.698	0.057	0.698	0.541	0.702
Adj.R^2	0.117	0.697	0.050	0.696	0.540	0.701
Sobel检验	−2.757(0.016)		4.713(0.000)		15.81(0.000)	

注：*、**、*** 分别表示回归系数在 10%、5%、1% 的置信水平下显著。

表 5-7 基于 GMM 模型的稳健性检验的回归结果

变量	rdinput (1)	lp (2)	over (3)	lp (4)	lnic (5)	lp (6)
kczh	0.008***	0.122***	−0.004***	0.053***	0.041***	0.064***
	(36.135)	(15.770)	(−4.709)	(4.609)	(4.421)	(8.424)
rdinput		4.465***				
		(17.673)				
over				−1.467***		
				(−11.269)		
lnic						0.021***
						(3.514)
lnasset	−0.002***	0.576***	−0.001	0.584***	0.043***	0.581***
	(−7.819)	(56.785)	(−0.881)	(44.578)	(4.584)	(56.748)
lev	−0.005***	0.387***	0.018***	0.361***	−0.357***	0.565***
	(−4.350)	(6.993)	(2.692)	(4.977)	(−6.077)	(10.233)
growth	0.001***	0.135***	0.017***	0.123***	−0.009	0.137***
	(4.609)	(13.580)	(6.707)	(7.061)	(−0.426)	(12.938)

(续表)

变量	rdinput (1)	lp (2)	over (3)	lp (4)	lnic (5)	lp (6)
lndsh	0.000 (0.111)	−0.112** (−2.113)	−0.007 (−1.285)	0.001 (0.017)	0.031 (0.666)	−0.114** (−2.113)
ifjz	−0.001*** (−3.391)	0.012 (0.816)	−0.002 (−1.070)	0.028 (1.232)	−0.027 (−1.617)	0.034** (2.159)
indep	0.001 (0.410)	−0.188 (−1.146)	0.008 (0.411)	−0.202 (−0.939)	0.280* (1.834)	−0.261 (−1.543)
lnclage	−0.006*** (−10.142)	−0.010 (−0.406)	−0.009*** (−3.651)	0.000 (0.007)	−0.085*** (−4.473)	0.052** (2.068)
first	−0.004*** (−2.604)	0.292*** (4.762)	0.001 (0.226)	0.401*** (4.664)	0.040 (0.773)	0.369*** (5.907)
manhold	0.010*** (8.625)	0.174*** (4.219)	0.005 (0.857)	0.143** (2.412)	0.130*** (3.113)	0.069 (1.562)
roe	0.007*** (9.448)	0.624*** (14.536)	−0.005 (−0.570)	0.648*** (8.105)	1.867*** (16.624)	0.633*** (13.887)

（续表）

变量	rdinput	lp	over	lp	lnic	lp
	(1)	(2)	(3)	(4)	(5)	(6)
soe	−0.001*	0.019	−0.006**	−0.006	0.047**	0.028
	(−1.647)	(0.800)	(−2.418)	(−0.175)	(2.199)	(1.152)
cashflow	0.013***	0.648***	0.065***	0.749***	−0.083	0.739***
	(6.333)	(6.798)	(4.727)	(5.593)	(−0.608)	(7.596)
常数项	0.061***	2.142***	0.103***	1.668***	5.624***	1.580***
	(12.133)	(8.228)	(4.290)	(4.972)	(25.368)	(5.989)
年度固定效应	YES	YES	YES	YES	YES	YES
行业固定效应	YES	YES	YES	YES	YES	YES
样本量	23 409	23 409	6 414	6 414	23 409	23 409
R^2	0.532	0.715	0.054	0.700	0.116	0.696
Adj. R^2	0.531	0.714	0.048	0.698	0.115	0.696
Sobel检验	17.160(0.000)		5.408(0.000)		−2.240(0.025)	

注：*、**、***分别表示回归系数在10%、5%、1%的置信水平下显著。

表 5-8 基于 OP 法的稳健性检验的回归结果

变量	rdinput (1)	lp (2)	over (3)	lp (4)	lnic (5)	lp (6)
kczh	0.008***	0.079***	−0.004***	0.007	0.041***	0.024***
	(36.135)	(9.893)	(−4.709)	(0.641)	(4.421)	(3.169)
rdinput		4.175***				
		(16.824)				
over				−1.186***		
				(−8.332)		
lnic						0.012**
						(2.131)
lnasset	−0.002***	0.443***	−0.001	0.458***	0.043***	0.447***
	(−7.819)	(46.005)	(−0.881)	(34.766)	(4.584)	(45.860)
lev	−0.005***	0.327***	0.018***	0.293***	−0.357***	0.492***
	(−4.350)	(5.930)	(2.692)	(3.885)	(−6.077)	(8.897)
growth	0.001***	0.139***	0.017***	0.122***	−0.009	0.141***
	(4.609)	(12.902)	(6.707)	(6.051)	(−0.426)	(12.366)

（续表）

变量	rdinput (1)	lp (2)	over (3)	lp (4)	lnic (5)	lp (6)
lndsh	0.000 (0.111)	−0.147*** (−2.619)	−0.007 (−1.285)	0.016 (0.225)	0.031 (0.666)	−0.148*** (−2.623)
ifjz	−0.001*** (−3.391)	0.025 (1.592)	−0.002 (−1.070)	0.034 (1.446)	−0.027 (−1.617)	0.045*** (2.775)
indep	0.001 (0.410)	−0.259 (−1.536)	0.008 (0.411)	−0.256 (−1.128)	0.280* (1.834)	−0.325* (−1.885)
lnclage	−0.006*** (−10.142)	−0.748*** (−29.200)	−0.009*** (−3.651)	−0.678*** (−20.949)	−0.085*** (−4.473)	−0.691*** (−26.203)
first	−0.004*** (−2.604)	0.224*** (3.582)	0.001 (0.226)	0.353*** (4.070)	0.040 (0.773)	0.297*** (4.683)
manhold	0.010*** (8.625)	0.147*** (3.349)	0.005 (0.857)	0.116* (1.866)	0.130*** (3.113)	0.050 (1.085)
roe	0.007*** (9.448)	0.494*** (12.055)	−0.005 (−0.570)	0.574*** (7.570)	1.867*** (16.624)	0.517*** (11.878)

(续表)

变量	rdinput (1)	lp (2)	over (3)	lp (4)	lnic (5)	lp (6)
soe	-0.001*	0.005	-0.006**	0.005	0.047**	0.014
	(-1.647)	(0.204)	(-2.418)	(0.159)	(2.199)	(0.548)
cash_flow	0.013***	0.465***	0.065***	0.398***	-0.083	0.549***
	(6.333)	(4.779)	(4.727)	(2.699)	(-0.608)	(5.549)
常数项	0.061***	6.417***	0.103***	5.514***	5.624***	5.935***
	(12.133)	(25.356)	(4.290)	(16.779)	(25.368)	(23.107)
年度固定效应	YES	YES	YES	YES	YES	YES
行业固定效应	YES	YES	YES	YES	YES	YES
样本量	23 409	23 409	6 414	6 414	23 409	23 409
R^2	0.532	0.606	0.054	0.586	0.116	0.585
Adj. R^2	0.531	0.605	0.048	0.584	0.115	0.584
Sobel 检验	4.384(0.000)		5.147(0.000)		-2.071(0.038)	

注：*，**，***分别表示回归系数在10%、5%、1%的置信水平下显著。

企业全要素生产率与资源配置效率的回归系数为－1.186,在1%水平上显著负相关。从第(5)列至第(6)列可以看出,组织管理水平与研发费用加计扣除综合测度的回归系数为0.041,在1%水平上显著正相关;企业全要素生产率与组织管理水平的回归系数为0.012,在5%水平上显著正相关。本章研究结论不变。

3) 固定效应模型

与本书第4.3.4节相同,为了改进由于遗漏变量误差引起的内生性问题,本节采用固定效应模型进行稳健性检验。表5-9为固定效应模型的稳健性检验的回归结果。从第(1)列至第(2)列可以看出,技术创新与研发费用加计扣除综合测度的回归系数为0.007,在1%水平上显著正相关;企业全要素生产率与技术进步的回归系数为2.251,在1%水平上显著正相关。从第(3)列至第(4)列可以看出,资源配置效率与研发费用加计扣除综合测度的回归系数为－0.002,在10%水平上显著负相关;企业全要素生产率与组织管理效率的回归系数为－0.459,在1%水平上显著负相关。从第(5)列至第(6)列可以看出,组织管理水平与研发费用加计扣除综合测度的回归系数为0.029,在1%水平上显著正相关;企业全要素生产率与组织管理水平的回归系数为0.007,在1%水平上显著正相关。本章研究结论基本不变。

4) 2SLS模型

与本书第4.3.4节相同,本节借鉴王立平和余小婷(2020)的研究,采用两阶段最小二乘法(2SLS)模型进行稳健性检验。表5-10为2SLS模型的稳健性检验的回归结果。从第(1)列至第(2)列可以看出,技术进步与研发费用加计扣除综合测度的回归系数为0.012,在1%水平上显著正相关;企业全要素生产率与技术进步的回归系数为15.121,在1%水平上显著正相关。从第(3)列至第(4)列可以看出,资源配置效率与研发费用加计扣除综合测度的回归系数为0.017,在1%水平上显著正相关;企业全要素生产率与资源配置效率的回归系数为－1.755,在1%水平上显著负相关。从第(5)列至第(6)列可以看出,组织管理水平与研发费用加计扣除综合测度的回归系数为0.041,虽不显著,但为正相关;企业全要素生产率与组织管理水平的回归系数为0.021,在1%水平上显著正相关。本章研究结论基本不变。

表 5-9　固定效应模型的稳健性检验的回归结果

变量	rdinput (1)	lp (2)	over (3)	lp (4)	lnic (5)	lp (6)
kczh	0.007***	−0.009	−0.002*	0.002	0.029***	0.022***
	(32.512)	(−1.511)	(−1.876)	(0.183)	(3.046)	(7.369)
rdinput		2.251***				
		(4.718)				
over				−0.459***		
				(−4.605)		
lnic						0.007***
						(3.260)
lnasset	−0.001***	0.361***	0.016***	0.279***	0.111***	0.468***
	(−3.978)	(23.165)	(5.646)	(9.197)	(6.317)	(83.481)
lev	−0.002**	0.168***	0.022**	0.001	−0.314***	0.187***
	(−2.070)	(3.183)	(2.291)	(0.017)	(−4.392)	(8.215)
growth	0.000***	0.167***	0.010***	0.152***	0.011	0.176***
	(3.835)	(19.721)	(5.112)	(8.233)	(0.752)	(35.134)

（续表）

变量	rdinput (1)	lp (2)	over (3)	lp (4)	lnic (5)	lp (6)
lndsh	0.002 (1.583)	0.023 (0.508)	0.000 (0.041)	−0.056 (−0.757)	−0.022 (−0.289)	0.066*** (2.783)
ifjz	0.000 (0.932)	0.019 (1.474)	0.000 (−0.014)	0.002 (0.074)	−0.046* (−1.937)	0.012 (1.604)
indep	0.000 (0.038)	0.107 (0.874)	−0.009 (−0.286)	−0.299 (−1.350)	0.397* (1.740)	0.117 (1.619)
lnclage	−0.001 (−0.813)	0.0580 (1.026)	−0.032*** (−2.861)	0.274*** (3.094)	0.141 (1.584)	0.061** (2.153)
first	0.002 (1.349)	−0.055 (−0.603)	0.040** (2.314)	0.054 (0.342)	−0.109 (−0.918)	−0.016 (−0.425)
manhold	0.004** (2.272)	−0.033 (−0.567)	0.009 (0.639)	0.104 (1.105)	−0.136 (−1.345)	−0.025 (−0.792)
roe	0.002*** (3.645)	0.346*** (10.557)	0.014* (1.847)	0.242*** (4.129)	1.655*** (32.887)	0.358*** (21.797)

(续表)

变量	rdinput (1)	lp (2)	over (3)	lp (4)	lnic (5)	lp (6)
soe	0.001	−0.092**	−0.009	−0.096	0.152***	−0.032*
	(1.297)	(−2.083)	(−1.010)	(−1.244)	(2.741)	(−1.785)
cashflow	0.005***	0.549***	0.018	0.543***	−0.026	0.549***
	(4.121)	(9.187)	(1.137)	(4.966)	(−0.217)	(14.566)
常数项	0.047***	6.029***	−0.196***	8.006***	4.153***	3.907***
	(6.195)	(16.749)	(−2.728)	(11.558)	(8.672)	(25.605)
年度固定效应	YES	YES	YES	YES	YES	YES
行业固定效应	YES	YES	YES	YES	YES	YES
样本量	23 409	23 409	6 414	6 414	23 409	23 409
With_R^2	0.439	0.329	0.067	0.296	0.093	0.575

注：*，**，***分别表示回归系数在10%，5%，1%的置信水平下显著。

表 5-10　2SLS 模型的稳健性检验的回归结果

变量	rdinput (1)	lp (2)	over (3)	lp (4)	lnic (5)	lp (6)
kczh	0.012*** (31.559)	−0.277*** (−5.483)	0.017*** (3.041)	−0.251*** (−3.427)	0.041 (1.183)	−0.092*** (−3.267)
rdinput		15.121*** (8.112)				
over				−1.755*** (−11.227)		
lnic						0.021*** (3.771)
lnasset	−0.002*** (−9.666)	0.611*** (56.992)	−0.002 (−1.445)	0.588*** (45.195)	0.044*** (4.704)	0.584*** (62.938)
lev	−0.004*** (−4.504)	0.699*** (12.355)	0.019*** (2.880)	0.384*** (4.929)	−0.349*** (−6.344)	0.642*** (11.723)
growth	0.001*** (5.822)	0.123*** (11.431)	0.019*** (7.730)	0.101*** (5.291)	−0.002 (−0.108)	0.136*** (13.752)

(续表)

变量	rdinput (1)	lp (2)	over (3)	lp (4)	lnic (5)	lp (6)
lndsh	0.000	−0.116**	−0.008	−0.035	−0.007	−0.122**
	(−0.435)	(−2.140)	(−1.416)	(−0.486)	(−0.154)	(−2.303)
ifjz	−0.001***	0.042***	−0.001	0.009	−0.027*	0.024
	(−3.656)	(2.586)	(−0.702)	(0.387)	(−1.753)	(1.493)
indep	0.001	−0.376**	0.014	−0.325	0.162	−0.360**
	(0.401)	(−2.118)	(0.714)	(−1.371)	(1.143)	(−2.087)
lnclage	−0.005***	0.090***	−0.009***	−0.018	−0.080***	0.009
	(−10.295)	(3.121)	(−3.262)	(−0.575)	(−4.325)	(0.346)
first	−0.004***	0.421***	0.000	0.385***	0.038	0.365***
	(−3.075)	(6.469)	(0.022)	(4.417)	(0.784)	(5.858)
manhold	0.011***	−0.082	0.010	0.079	0.156***	0.078*
	(10.374)	(−1.514)	(1.632)	(1.185)	(3.864)	(1.675)
roe	0.008***	0.561***	−0.002	0.596***	1.885***	0.636***
	(10.227)	(11.833)	(−0.206)	(7.437)	(17.816)	(14.168)

（续表）

变量	rdinput	lp	over	lp	lnic	lp
	(1)	(2)	(3)	(4)	(5)	(6)
soe	−0.001***	0.084***	−0.008***	0.023	0.073***	0.064***
	(−2.614)	(3.299)	(−3.079)	(0.654)	(3.701)	(2.597)
cashflow	0.009***	0.550***	0.053***	0.893***	−0.041	0.684***
	(5.325)	(6.075)	(3.938)	(6.125)	(−0.348)	(7.758)
常数项	0.073***	0.265	0.157***	1.139***	5.712***	1.249***
	(15.808)	(0.800)	(4.781)	(3.085)	(23.321)	(4.855)
年度固定效应	YES	YES	YES	YES	YES	YES
行业固定效应	YES	YES	YES	YES	YES	YES
样本量	23 409	23 409	6 414	6 414	26 808	26 808
R^2	0.521	0.652	0.055	0.615	0.117	0.679
Adj. R^2	0.520	0.651	0.049	0.613	0.116	0.678

注：*、**、***分别表示回归系数在10%、5%、1%的置信水平下显著。

5) PSM－OLS 模型

与本书第 4.3.4 节相同,为了克服样本选择性偏误导致的不良影响,本节采用 PSM－OLS 模型进行稳健性检验。表 5-11 为 PSM－OLS 模型的稳健性检验的回归结果。从第(1)列至第(2)列可以看出,技术进步与研发费用加计扣除综合测度的回归系数为 0.007,在 1% 水平上显著正相关;企业全要素生产率与技术进步的回归系数为 7.050,在 1% 水平上显著正相关。从第(3)列至第(4)列可以看出,资源配置效率与研发费用加计扣除综合测度的回归系数为 －0.004,在 5% 水平上显著负相关;企业全要素生产率与资源配置效率的回归系数－1.418,在 1% 水平上显著负相关。从第(5)列至第(6)列可以看出,组织管理水平与研发费用加计扣除综合测度的回归系数为 0.040,在 1% 水平上显著正相关;企业全要素生产率与组织管理水平的回归系数为 0.013,虽不显著,但为正相关。本章研究结论基本不变。

5.4 企业异质性分析

5.4.1 产权性质异质性

与本书第 4.4.1 节相同,国有企业和非国有企业面临的税收优惠政策、融资环境以及管理层管理防御等均存在差异,因此,本节区分国有企业和非国有企业对研发费用加计扣除影响企业全要素生产率的路径进行进一步研究。

表 5-12、表 5-13 分别列示了国有企业、非国有企业研发费用加计扣除对企业全要素生产率影响的路径回归结果。从表 5-12 第(1)列至第(4)列与表 5-13 第(1)列至第(4)列显示的结果可以看出,在国有企业和非国有企业中,资源配置效率和技术进步均起到了中介传导作用。从表 5-12 第(5)列至第(6)列与表 5-13 第(5)列至第(6)列显示的结果可以看出,在非国有企业中,组织管理水平在研发费用加计扣除政策影响企业全要素生产率的过程中具有更强的中介传导效应,这是因为国有企业组织管理制度相对比较完善,研发费用加计扣除的实施在促进组织管理水平的进一步提高方面作用有限。

表 5-11 PSM-OLS 模型的稳健性检验的回归结果

变量	rdinput (1)	lp (2)	over (3)	lp (4)	lnic (5)	lp (6)
kczh	0.007***	0.004	−0.004**	0.059***	0.040***	0.055***
	(22.835)	(0.371)	(−2.198)	(3.649)	(2.598)	(5.202)
rdinput		7.050***				
		(8.534)				
over				−1.418***		
				(−5.475)		
lnic						0.013
						(1.335)
lnasset	−0.001***	0.576***	0.001	0.585***	0.036**	0.567***
	(−3.862)	(46.832)	(0.654)	(34.074)	(2.198)	(45.256)
lev	−0.002	0.641***	0.016	0.328***	−0.216*	0.629***
	(−1.332)	(8.192)	(1.233)	(2.862)	(−1.823)	(7.964)
growth	0.001*	0.121***	0.017***	0.126***	0.020	0.125***
	(1.802)	(6.547)	(3.385)	(4.358)	(0.598)	(6.744)

(续表)

变量	rdinput (1)	lp (2)	over (3)	lp (4)	lnic (5)	lp (6)
lndsh	0.000	−0.170**	−0.008	−0.127	0.042	−0.171**
	(−0.071)	(−2.448)	(−0.887)	(−1.279)	(0.523)	(−2.337)
ifjz	−0.001	0.073***	−0.002	0.055	0.008	0.067***
	(−1.361)	(3.203)	(−0.530)	(1.477)	(0.207)	(2.905)
indep	−0.004	−0.399*	0.034	−0.360	0.429	−0.433*
	(−0.676)	(−1.754)	(1.103)	(−1.186)	(1.576)	(−1.822)
lnclage	−0.006***	0.056	−0.013***	−0.099*	−0.092**	0.016
	(−7.126)	(1.409)	(−2.801)	(−1.869)	(−2.179)	(0.388)
first	−0.001	0.381***	−0.009	0.389***	−0.074	0.376***
	(−0.414)	(4.847)	(−0.806)	(3.310)	(−0.817)	(4.668)
manhold	0.009***	0.041	0.006	0.211*	−0.022	0.104
	(5.046)	(0.573)	(0.480)	(1.852)	(−0.198)	(1.417)
roe	0.008***	0.674***	−0.010	0.528***	1.879***	0.706***
	(5.299)	(7.857)	(−0.620)	(4.476)	(8.845)	(7.763)

(续表)

变量	rdinput (1)	lp (2)	over (3)	lp (4)	lnic (5)	lp (6)
soe	0.000	0.0360	−0.009**	0.064	0.054	0.037
	(0.294)	(1.239)	(−2.319)	(1.502)	(1.619)	(1.224)
cashflow	0.013***	0.689***	0.070**	0.817***	0.275	0.778***
	(3.887)	(4.187)	(2.314)	(3.316)	(1.103)	(4.650)
常数项	0.051***	1.839***	0.057	2.155***	5.672***	2.131***
	(5.331)	(6.077)	(1.396)	(5.028)	(15.218)	(6.665)
年度固定效应	YES	YES	YES	YES	YES	YES
行业固定效应	YES	YES	YES	YES	YES	YES
样本量	6 057	6 057	1 621	1 621	6 057	6 057
R^2	0.467	0.705	0.090	0.713	0.109	0.696
Adj.R^2	0.463	0.703	0.067	0.705	0.103	0.694

注：*、**、***分别表示回归系数在10%、5%、1%的置信水平下显著。

表 5-12 国有企业研发费用加计扣除对企业全要素生产率影响的路径回归结果

变量	rdinput (1)	lp (2)	over (3)	lp (4)	lnic (5)	lp (6)
kczh	0.007***	0.024*	−0.005***	0.036*	0.018	0.059***
	(20.486)	(1.797)	(−4.043)	(1.736)	(1.211)	(5.031)
rdinput		5.424***				
		(5.337)				
over				−1.614***		
				(−6.486)		
lnic						0.023***
						(2.715)
lnasset	−0.001***	0.581***	0.002	0.560***	0.053***	0.573***
	(−4.366)	(40.865)	(1.504)	(30.181)	(4.068)	(40.207)
lev	−0.003**	0.419***	0.005	0.170	−0.346***	0.410***
	(−2.079)	(4.419)	(0.409)	(1.357)	(−3.951)	(4.288)
growth	0.001***	0.101***	0.010**	0.128***	−0.035	0.107***
	(3.815)	(6.073)	(2.127)	(3.532)	(−0.941)	(6.420)

(续表)

变量	rdinput (1)	lp (2)	over (3)	lp (4)	lnic (5)	lp (6)
lndsh	−0.001	−0.087	−0.016*	0.092	0.046	−0.092
	(−0.497)	(−0.985)	(−1.939)	(0.866)	(0.668)	(−1.032)
ifjz	0.000	0.020	0.005	0.018	−0.067*	0.021
	(−0.099)	(0.560)	(1.141)	(0.364)	(−1.888)	(0.585)
indep	−0.004	0.100	−0.032	0.493	0.146	0.073
	(−0.910)	(0.373)	(−1.143)	(1.338)	(0.690)	(0.269)
lnclage	−0.006***	0.183***	−0.013**	0.070	−0.066*	0.152***
	(−5.672)	(3.418)	(−2.291)	(1.054)	(−1.960)	(2.869)
first	−0.004*	0.510***	−0.012	0.578***	−0.047	0.491***
	(−1.941)	(4.619)	(−1.012)	(4.010)	(−0.532)	(4.442)
manhold	0.061***	0.187	0.086	0.836	−0.680	0.535
	(4.015)	(0.485)	(0.795)	(1.558)	(−1.432)	(1.341)
roe	0.008***	0.609***	0.008	0.520***	1.774***	0.611***
	(7.827)	(8.467)	(0.915)	(4.564)	(9.958)	(8.439)

(续表)

变量	rdinput (1)	lp (2)	over (3)	lp (4)	lnic (5)	lp (6)
cashflow	0.005*	0.618***	0.045**	0.903***	−0.224	0.652***
	(1.676)	(3.731)	(2.207)	(4.113)	(−1.018)	(3.910)
常数项	0.049***	1.233***	0.071**	1.614***	5.539***	1.372***
	(7.269)	(3.387)	(2.201)	(3.654)	(18.359)	(3.786)
年度固定效应	YES	YES	YES	YES	YES	YES
行业固定效应	YES	YES	YES	YES	YES	YES
样本量	8 930	8 930	2 309	2 309	8 930	8 930
R^2	0.488	0.728	0.078 0	0.727	0.123	0.725
Adj.R^2	0.486	0.727	0.062 0	0.723	0.119	0.724

注：*，**，***分别表示回归系数在10%，5%，1%的置信水平下显著。

表5-13 非国有企业研发费用加计扣除对企业全要素生产率影响的路径回归结果

变量	rdinput (1)	lp (2)	over (3)	lp (4)	lnic (5)	lp (6)
kczh	0.010***	0.005	−0.003**	0.059***	0.063***	0.061***
	(30.607)	(0.450)	(−2.445)	(4.352)	(5.304)	(6.664)
rdinput		5.710***				
		(9.075)				
over				−1.319***		
				(−8.906)		
lnic						0.012*
						(1.783)
lnasset	−0.002***	0.572***	−0.003**	0.584***	0.037**	0.560***
	(−6.916)	(48.100)	(−2.224)	(34.917)	(2.567)	(46.268)
lev	−0.005***	0.679***	0.029***	0.449***	−0.377***	0.657***
	(−3.655)	(11.182)	(3.394)	(5.245)	(−4.625)	(10.709)
growth	0.001***	0.146***	0.020***	0.115***	0.006	0.150***
	(3.068)	(10.801)	(6.609)	(6.130)	(0.250)	(11.217)

(续表)

变量	rdinput (1)	lp (2)	over (3)	lp (4)	lnic (5)	lp (6)
lndsh	0.001	−0.146**	−0.001	−0.123	0.018	−0.141**
	(0.669)	(−2.432)	(−0.104)	(−1.383)	(0.288)	(−2.333)
ifjz	−0.001***	0.043**	−0.002	0.022	−0.011	0.035**
	(−3.240)	(2.556)	(−1.066)	(0.887)	(−0.608)	(2.037)
indep	0.006	−0.566***	0.030	−0.692**	0.362	−0.537***
	(1.193)	(−2.793)	(1.206)	(−2.544)	(1.634)	(−2.640)
lnclage	−0.006***	0.067**	−0.009***	−0.004	−0.104***	0.035
	(−8.681)	(2.462)	(−3.108)	(−0.125)	(−4.460)	(1.278)
first	−0.003	0.294***	0.010	0.281***	0.099	0.277***
	(−1.474)	(4.228)	(1.330)	(2.730)	(1.466)	(3.936)
manhold	0.009***	0.019	0.002	0.168***	0.119***	0.066
	(7.293)	(0.424)	(0.351)	(2.811)	(2.628)	(1.482)
roe	0.007***	0.639***	−0.015	0.744***	1.914***	0.655***
	(6.682)	(11.846)	(−1.169)	(6.583)	(13.159)	(11.945)

（续表）

变量	rdinput (1)	lp (2)	over (3)	lp (4)	lnic (5)	lp (6)
$cashflow$	0.014***	0.692***	0.078***	0.615***	−0.018	0.773***
	(5.674)	(6.256)	(4.297)	(3.681)	(−0.106)	(6.934)
常数项	0.070***	1.795***	0.120***	1.926***	5.743***	2.123***
	(8.541)	(5.800)	(3.185)	(4.376)	(15.952)	(6.701)
年度固定效应	YES	YES	YES	YES	YES	YES
行业固定效应	YES	YES	YES	YES	YES	YES
样本量	14 479	14 479	4 105	4 105	14 479	14 479
R^2	0.522	0.650	0.056 0	0.662	0.117	0.643
Adj.R^2	0.521	0.649	0.047 0	0.658	0.115	0.642

注：*、**、***分别表示回归系数在10%、5%、1%的置信水平下显著。

5.4.2 生命周期异质性

与本书第4.4.2节相同,处于不同的生命周期的企业,其规模、投资策略、盈利能力、研发能力等会有较大的区别,发展的需求和目标也有所不同(Miller和Friesen,1984;刘诗源等,2020),因此,本节区分企业所处不同生命周期对研发费用加计扣除与企业全要素生产率影响路径进行进一步研究。

表5-14至表5-16分别列示了处于初创期、成长期、成熟期的企业的研发费用加计扣除对企业全要素生产率影响的路径回归结果。从表5-14的回归结果可以看出,处于初创期的企业,研发费用加计扣除对企业全要素生产率并未产生积极的作用。从表5-15的回归结果可以看出,处于成长期的企业,技术进步在研发费用加计扣除与企业全要素生产率关系中起到完全中介作用,可能原因是处于成长期的企业亟需进一步扩张,提升自己的市场占有率,故更注重加大企业的研发投入。从表5-16的回归结果可以看出,处于成熟期的企业,研发费用加计扣除通过加大研发投入、提高资源配置效率和提升组织管理水平进一步提高企业全要素生产率。这说明处于成熟期的企业已有充足的资金,盈利水平相对较高,其经营的主要目的是稳固市场地位(叚姝和杨彬,2020),因此研发费用加计扣除的实施不仅促使企业进行研发投资,同时,企业会注重资源的优化配置和组织管理水平的提高,以期提高企业全要素生产率。

5.4.3 要素密集度异质性

与本书第4.4.3节相同,本节根据对技术、资本和劳动力要素需求的不同,将产业划分为技术密集型产业、资本密集型产业和劳动力密集型产业。本节区分不同要素密集型企业对研发费用加计扣除与企业全要素生产率影响路径进行进一步研究。

表 5-14 处于初创期的企业的研发费用加计扣除对企业全要素生产率影响的路径回归结果

变量	rdinput (1)	lp (2)	over (3)	lp (4)	lnic (5)	lp (6)
kczh	0.014***	−0.048	−0.020***	0.009	0.029	0.031
	(9.612)	(−1.340)	(−4.522)	(0.253)	(1.182)	(1.020)
rdinput		5.324***				
		(3.175)				
over				−2.162***		
				(−5.471)		
lnic						−0.078*
						(−1.945)
lnasset	−0.002**	0.628***	−0.015***	0.575***	0.027	0.619***
	(−2.330)	(18.228)	(−3.211)	(12.289)	(1.267)	(17.856)
lev	−0.007	0.563***	0.111***	0.713***	−0.062	0.520***
	(−1.429)	(3.195)	(4.212)	(3.469)	(−0.907)	(2.909)
growth	0.006***	0.117*	0.025**	0.236***	−0.100	0.143**
	(3.759)	(1.716)	(2.142)	(3.003)	(−1.044)	(2.182)

(续表)

变量	rdinput (1)	lp (2)	over (3)	lp (4)	lnic (5)	lp (6)
lndsh	−0.006	−0.029	0.007	0.019	−0.146	−0.075
	(−1.337)	(−0.182)	(0.276)	(0.085)	(−1.436)	(−0.466)
ifjz	−0.002	0.069	0.001	0.112*	−0.043	0.054
	(−1.534)	(1.357)	(0.137)	(1.740)	(−1.271)	(1.053)
indep	−0.003	−0.282	0.001	−0.607	−0.005	−0.301
	(−0.222)	(−0.575)	(0.009)	(−1.040)	(−0.019)	(−0.614)
lnclage	−0.002	−0.025	−0.074***	−0.134	0.163	−0.023
	(−0.681)	(−0.244)	(−3.704)	(−1.016)	(1.581)	(−0.214)
first	−0.008	0.006	0.001	0.015	−0.123	−0.047
	(−1.509)	(0.034)	(0.027)	(0.075)	(−0.998)	(−0.241)
manhold	0.001	−0.135	−0.017	0.048	−0.002	−0.130
	(0.334)	(−1.181)	(−1.021)	(0.345)	(−0.044)	(−1.111)
roe	0.013	1.412***	0.009	2.705***	2.574**	1.679***
	(1.421)	(3.626)	(0.128)	(5.912)	(1.996)	(4.245)

（续表）

变量	rdinput (1)	lp (2)	over (3)	lp (4)	lnic (5)	lp (6)
soe	0.003	−0.189**	−0.024**	−0.090	0.024	−0.171*
	(0.976)	(−2.074)	(−2.026)	(−1.128)	(0.660)	(−1.906)
cashflow	0.016*	0.151	0.137**	−0.231	−1.196*	0.145
	(1.845)	(0.470)	(2.321)	(−0.573)	(−1.887)	(0.447)
常数项	0.085***	0.549	0.467***	1.444	5.881***	1.458*
	(4.177)	(0.669)	(3.756)	(1.600)	(18.825)	(1.655)
年度固定效应	YES	YES	YES	YES	YES	YES
行业固定效应	YES	YES	YES	YES	YES	YES
样本量	663	663	341	341	663	663
R^2	0.637	0.840	0.263	0.782	0.268	0.837
Adj. R^2	0.617	0.831	0.181	0.758	0.225	0.827

注：*，**，***分别表示回归系数在10%，5%，1%的置信水平下显著。

表5-15 处于成长期的企业的研发费用加计扣除对企业全要素生产率影响的路径回归结果

变量	rdinput (1)	lp (2)	over (3)	lp (4)	lnic (5)	lp (6)
kczh	0.014***	−0.002	−0.003	0.031	0.023	0.045**
	(15.759)	(−0.099)	(−1.029)	(1.046)	(0.978)	(2.411)
rdinput		3.274***				
		(3.213)				
over				−1.513***		
				(−7.030)		
lnic						0.012
						(0.917)
lnasset	−0.003***	0.572***	0.002	0.587***	−0.013	0.563***
	(−7.075)	(34.166)	(0.726)	(25.287)	(−0.739)	(34.512)
lev	−0.003	0.760***	0.038***	0.788***	−0.132*	0.753***
	(−1.307)	(8.590)	(3.285)	(6.364)	(−1.841)	(8.428)
growth	0.002***	0.074***	0.016**	0.091**	0.058***	0.079***
	(4.219)	(2.715)	(2.133)	(2.056)	(2.649)	(2.909)

(续表)

变量	rdinput (1)	lp (2)	over (3)	lp (4)	lnic (5)	lp (6)
lndsh	−0.001	−0.005	−0.020	−0.053	0.089	−0.008
	(−0.323)	(−0.055)	(−1.612)	(−0.410)	(1.261)	(−0.091)
ifjz	−0.001*	0.033	−0.002	0.024	0.012	0.029
	(−1.676)	(1.225)	(−0.613)	(0.649)	(0.438)	(1.065)
indep	−0.009	−0.207	0.008	0.143	0.084	−0.239
	(−1.499)	(−0.776)	(0.182)	(0.393)	(0.296)	(−0.894)
lnclage	−0.003**	0.057	−0.008	−0.063	0.125	0.044
	(−1.997)	(0.797)	(−0.567)	(−0.590)	(1.470)	(0.611)
first	−0.005**	0.472***	−0.012	0.397***	0.100	0.454***
	(−2.079)	(4.942)	(−0.828)	(3.052)	(1.141)	(4.743)
manhold	0.005**	0.084	0.000	0.179*	−0.067	0.101
	(2.547)	(1.184)	(0.014)	(1.851)	(−0.892)	(1.429)
roe	0.008***	0.834***	0.010	0.702***	1.186***	0.846***
	(3.810)	(7.626)	(0.574)	(3.050)	(4.747)	(7.700)

(续表)

变量	rdinput (1)	lp (2)	over (3)	lp (4)	lnic (5)	lp (6)
soe	0.000 (−0.159)	−0.009 (−0.227)	−0.001 (−0.135)	−0.007 (−0.120)	0.001 (0.040)	−0.009 (−0.240)
cashflow	0.009** (2.351)	0.476*** (2.825)	0.103*** (3.871)	0.974*** (4.106)	−0.245 (−1.339)	0.509*** (3.042)
常数项	0.100*** (10.728)	1.347*** (3.280)	0.060 (1.151)	1.474*** (2.717)	6.021*** (17.191)	1.600*** (3.941)
年度固定效应	YES	YES	YES	YES	YES	YES
行业固定效应	YES	YES	YES	YES	YES	YES
样本量	3 620	3 620	1 327	1 327	3 620	3 620
R^2	0.602	0.732	0.061	0.714	0.097	0.731
Adj. R^2	0.597	0.729	0.032	0.704	0.087	0.728

注：*，**，***分别表示回归系数在10%、5%、1%的置信水平下显著。

表 5-16 处于成熟期的企业的研发费用加计扣除对企业全要素生产率影响的路径回归结果

变量	rdinput (1)	lp (2)	over (3)	lp (4)	lnic (5)	lp (6)
kczh	0.008*** (33.353)	0.020** (2.210)	−0.004*** (−4.021)	0.061*** (4.770)	0.047*** (4.490)	0.066*** (8.171)
rdinput		6.042*** (9.799)				
over				−1.423*** (−8.716)		
lnic						0.018*** (3.171)
lnasset	−0.001*** (−6.275)	0.574*** (56.182)	−0.001 (−0.707)	0.575*** (39.916)	0.055*** (4.916)	0.565*** (54.857)
lev	−0.004*** (−3.846)	0.550*** (9.126)	0.011 (1.228)	0.179** (2.137)	−0.412*** (−5.642)	0.532*** (8.751)
growth	0.001*** (2.723)	0.136*** (11.854)	0.018*** (6.031)	0.130*** (6.549)	−0.020 (−0.814)	0.140*** (12.238)

(续表)

变量	rdinput (1)	lp (2)	over (3)	lp (4)	lnic (5)	lp (6)
lndsh	0.000	−0.143**	−0.004	0.005	0.007	−0.140**
	(0.391)	(−2.439)	(−0.539)	(0.060)	(0.127)	(−2.351)
ifjz	−0.001***	0.045**	−0.002	0.020	−0.028	0.038**
	(−2.850)	(2.548)	(−0.790)	(0.671)	(−1.368)	(2.132)
indep	0.002	−0.316*	0.008	−0.324	0.353*	−0.309
	(0.549)	(−1.697)	(0.404)	(−1.228)	(1.872)	(−1.642)
lnclage	−0.008***	0.114**	−0.004	0.005	−0.153***	0.071
	(−7.720)	(2.490)	(−0.742)	(0.072)	(−3.210)	(1.528)
first	−0.003**	0.339***	0.004	0.348***	0.021	0.321***
	(−2.159)	(5.115)	(0.529)	(3.479)	(0.321)	(4.813)
manhold	0.012***	0.011	0.007	0.130*	0.213***	0.078
	(9.004)	(0.217)	(0.914)	(1.753)	(3.824)	(1.530)
roe	0.007***	0.599***	−0.010	0.593***	1.960***	0.608***
	(8.885)	(12.604)	(−1.101)	(6.957)	(15.631)	(12.584)

（续表）

变量	rdinput (1)	lp (2)	over (3)	lp (4)	lnic (5)	lp (6)
soe	−0.001	0.045*	−0.007**	0.012	0.059**	0.039
	(−1.608)	(1.752)	(−2.535)	(0.308)	(2.320)	(1.475)
cashflow	0.012***	0.694***	0.058***	0.748***	−0.034	0.767***
	(5.348)	(6.365)	(3.304)	(4.239)	(−0.208)	(6.981)
常数项	0.060***	1.639***	0.081**	1.921***	5.613***	1.898***
	(9.994)	(6.004)	(2.486)	(4.913)	(19.119)	(6.859)
年度固定效应	YES	YES	YES	YES	YES	YES
行业固定效应	YES	YES	YES	YES	YES	YES
样本量	17 770	17 770	4 276	4 276	17 770	17 770
R^2	0.528	0.688	0.057	0.692	0.118	0.682
Adj. R^2	0.527	0.687	0.048	0.689	0.116	0.681

注：*、**、***分别表示回归系数在10%、5%、1%的置信水平下显著。

表 5-17 至表 5-19 分别列示了技术密集型、资本密集型、劳动密集型企业的研发费用加计扣除对企业全要素生产率影响的路径回归结果。从表 5-17 和表 5-18 的回归结果可以看出,在技术密集型企业和资本密集型企业中,研发费用加计扣除通过加大研发投入、优化资源配置效率和提高组织管理水平提高企业全要素生产率。从表 5-19 的回归结果可以看出,劳动密集型企业内部控制的中介效应未得到验证,可能原因是劳动密集型企业获得研发费用加计扣除的减税效应时更倾向于进行研发投入,提升资源配置效率,进而进一步提高企业生产率。

5.5 小结

本章以 2007—2019 年深沪 A 股上市公司为研究样本,分析了技术进步、资源配置效率和组织管理水平在研发费用加计扣除对企业全要素生产率影响中的中介效应,并进一步区分不同产权性质、企业所处不同生命周期、不同要素密集度,分析了中介效应的差异。研究结果表明:

(1) 企业享受研发费用加计扣除后,会加大研发投入,积极进行创新活动,促进技术进步,提高企业全要素生产率;研发费用加计扣除能够降低企业的非效率投资,提高资源配置效率,促进企业高质量发展;研发费用加计扣除能够提高企业组织管理水平,进而提高企业全要素生产率;考虑可能存在的内生性问题,本章采用考虑滞后效应、增加宏观因素、重新测度被解释变量、固定效应模型、两阶段最小二乘法(2SLS)模型、PSM-OLS 模型进行了稳健性检验,研究结果发现上述结果依然成立,因而增强了本章研究结论的可靠性。

(2) 在产权性质差异下,国有企业本身组织管理制度相对完善,组织管理水平的中介效应未得到验证,研发费用加计扣除通过促进技术进步和优化资源配置效率提升企业全要素生产率;在非国有企业中,技术进步、资源配置效率和组织管理水平在研发费用加计扣除对企业全要素生产率的中介效应均得到验证。在企业生命周期异质性下,处于成长期的企业,技术进步在研发费

表5-17 技术密集型企业的研发费用加计扣除对企业全要素生产率影响的路径回归结果

变量	rdinput (5)	lp (6)	over (3)	lp (4)	lnic (1)	lp (2)
kczh	0.009***	0.002	−0.004***	0.046***	0.029***	0.052***
	(28.415)	(0.172)	(−3.574)	(3.293)	(2.720)	(5.833)
rdinput		5.523***				
		(9.539)				
over				−1.525***		
				(−7.836)		
lnic						0.017**
						(2.322)
lnasset	−0.002***	0.579***	−0.001	0.569***	0.044***	0.568***
	(−5.270)	(52.597)	(−0.772)	(34.005)	(3.503)	(50.317)
lev	−0.006***	0.834***	0.015	0.590***	−0.384***	0.810***
	(−3.392)	(13.550)	(1.596)	(6.804)	(−5.400)	(12.953)
growth	0.001***	0.121***	0.019***	0.141***	−0.038	0.127***
	(3.775)	(7.862)	(5.644)	(6.355)	(−1.307)	(8.366)

(续表)

变量	rdinput (5)	lp (6)	over (3)	lp (4)	lnic (1)	lp (2)
lndsh	0.001	−0.200***	0.001	−0.106	0.045	−0.196***
	(0.421)	(−2.768)	(0.091)	(−1.173)	(0.839)	(−2.675)
ifjz	−0.001***	0.049***	0.001	0.052**	−0.003	0.041**
	(−2.667)	(2.790)	(0.363)	(2.041)	(−0.168)	(2.274)
indep	0.005	−0.726***	0.029	−0.696***	0.276	−0.702***
	(0.924)	(−3.363)	(1.024)	(−2.809)	(1.490)	(−3.216)
lnclage	−0.007***	0.136***	−0.009***	0.016	−0.071***	0.100***
	(−8.229)	(5.140)	(−2.753)	(0.501)	(−3.127)	(3.707)
first	−0.005**	0.277***	0.003	0.236**	0.055	0.250***
	(−2.252)	(4.087)	(0.288)	(2.546)	(0.875)	(3.625)
manhold	0.009***	−0.007	−0.004	0.122*	0.113**	0.042
	(5.820)	(−0.136)	(−0.603)	(1.904)	(2.171)	(0.811)
roe	0.009***	0.736***	−0.022*	0.875***	1.935***	0.755***
	(7.762)	(12.189)	(−1.783)	(6.118)	(12.659)	(12.125)

（续表）

变量	rdinput (5)	lp (6)	over (3)	lp (4)	lnic (1)	lp (2)
soe	0.000	0.056*	−0.008**	0.019	0.033	0.054*
	(−0.201)	(1.876)	(−2.143)	(0.416)	(1.228)	(1.795)
cashflow	0.024***	0.547***	0.102***	0.694***	−0.186	0.685***
	(7.340)	(4.603)	(4.753)	(3.543)	(−1.075)	(5.651)
常数项	0.054***	1.090***	0.203***	1.405***	4.852***	1.308***
	(6.112)	(3.826)	(5.190)	(3.662)	(13.922)	(4.441)
年度固定效应	YES	YES	YES	YES	YES	YES
行业固定效应	YES	YES	YES	YES	YES	YES
样本量	12 429	12 429	3 029	3 029	12 429	12 429
R^2	0.493	0.750	0.070	0.721	0.131	0.743
Adj. R^2	0.491	0.749	0.058	0.717	0.128	0.742

注：*、**、*** 分别表示回归系数在10%、5%、1%的置信水平下显著。

表5-18 资本密集型企业的研发费用加计扣除对企业全要素生产率影响的路径回归结果

变量	rdinput (1)	lp (2)	over (3)	lp (4)	lnic (5)	lp (6)
kczh	0.006***	0.038**	−0.003**	0.088***	0.052**	0.099***
	(17.550)	(2.162)	(−2.411)	(4.100)	(2.507)	(5.981)
rdinput		10.150***				
		(7.062)				
over				−1.692***		
				(−8.076)		
lnic						0.021**
						(2.159)
lnasset	−0.002***	0.554***	−0.002	0.548***	0.030	0.538***
	(−6.263)	(31.946)	(−0.970)	(27.205)	(1.605)	(31.146)
lev	−0.005***	0.258**	0.012	−0.019	−0.271**	0.212*
	(−3.500)	(2.285)	(1.028)	(−0.142)	(−2.063)	(1.858)
growth	0.000	0.113***	0.010**	0.083**	−0.002	0.116***
	(1.373)	(5.832)	(2.199)	(2.473)	(−0.052)	(6.044)

(续表)

变量	rdinput (1)	lp (2)	over (3)	lp (4)	lnic (5)	lp (6)
lndsh	−0.001	0.123	−0.007	0.207*	0.109	0.114
	(−0.434)	(1.353)	(−0.758)	(1.955)	(1.139)	(1.245)
ifjz	0.000	0.037	−0.002	0.005	−0.036	0.033
	(−0.787)	(1.122)	(−0.565)	(0.122)	(−1.028)	(0.985)
indep	0.001	0.196	−0.006	0.377	0.437	0.193
	(0.131)	(0.598)	(−0.185)	(0.974)	(1.328)	(0.576)
lnclage	−0.004***	0.090	−0.013**	0.020	−0.081**	0.054
	(−4.121)	(1.590)	(−2.553)	(0.328)	(−1.970)	(0.933)
first	0.002	0.482***	−0.004	0.590***	0.088	0.498***
	(0.871)	(3.838)	(−0.331)	(4.000)	(0.901)	(3.932)
manhold	0.009***	−0.0240	−0.002	0.093	0.106	0.061
	(4.308)	(−0.257)	(−0.256)	(0.810)	(1.122)	(0.643)
roe	0.005***	0.341***	0.026***	0.306***	1.911***	0.348***
	(4.846)	(5.027)	(2.814)	(3.032)	(8.818)	(4.974)

(续表)

变量	rdinput (1)	lp (2)	over (3)	lp (4)	lnic (5)	lp (6)
soe	−0.001	−0.046	−0.005	−0.067	0.052	−0.061
	(−1.610)	(−1.008)	(−1.313)	(−1.134)	(1.190)	(−1.271)
cash_flow	0.006**	0.605***	0.009	0.734***	−0.097	0.673***
	(2.319)	(3.065)	(0.423)	(3.182)	(−0.346)	(3.366)
常数项	0.057***	1.683***	0.154***	2.127***	5.810***	2.135***
	(9.155)	(3.821)	(4.432)	(4.207)	(14.081)	(4.809)
年度固定效应	YES	YES	YES	YES	YES	YES
行业固定效应	YES	YES	YES	YES	YES	YES
样本量	6 946	6 946	2 245	2 245	6 946	6 946
R^2	0.519	0.657	0.054	0.670	0.116	0.647
Adj.R^2	0.517	0.655	0.038	0.664	0.111	0.645

注：*，**，***分别表示回归系数在10%，5%，1%的置信水平下显著。

表5-19 劳动密集型企业的研发费用加计扣除对企业全要素生产率影响的路径回归结果

变量	rdinput (1)	lp (2)	over (3)	lp (4)	lnic (5)	lp (6)
kczh	0.005***	0.005	−0.006**	0.085***	0.036	0.071***
	(13.636)	(0.204)	(−2.296)	(2.827)	(1.050)	(3.206)
rdinput		12.141***				
		(6.309)				
over				−1.009***		
				(−4.187)		
lnic						0.007
						(0.606)
lnasset	−0.001***	0.620***	0.001	0.643***	0.066***	0.608***
	(−3.552)	(24.132)	(0.573)	(21.361)	(2.619)	(23.257)
lev	−0.002	0.454***	0.040**	0.361**	−0.425***	0.437***
	(−1.160)	(3.464)	(2.440)	(2.079)	(−2.977)	(3.272)
growth	0.000	0.181***	0.022***	0.155***	0.050	0.181***
	(0.030)	(8.628)	(3.482)	(3.499)	(1.182)	(8.554)

(续表)

变量	rdinput (1)	lp (2)	over (3)	lp (4)	lnic (5)	lp (6)
lndsh	0.002	−0.281**	−0.023*	−0.365**	−0.118	−0.253**
	(1.505)	(−2.532)	(−1.849)	(−2.202)	(−0.993)	(−2.248)
ifjz	−0.001**	0.013	−0.012**	−0.081	−0.092**	−0.003
	(−2.121)	(0.308)	(−2.291)	(−1.263)	(−1.988)	(−0.070)
indep	0.001	0.205	−0.015	0.138	0.113	0.217
	(0.241)	(0.539)	(−0.374)	(0.260)	(0.288)	(0.574)
lnclage	−0.002***	−0.054	0.003	−0.158**	−0.170***	−0.082
	(−2.807)	(−0.793)	(0.401)	(−1.991)	(−2.767)	(−1.198)
first	−0.003	0.330**	0.007	0.235	−0.044	0.289**
	(−1.582)	(2.245)	(0.517)	(1.083)	(−0.277)	(1.968)
manhold	0.012***	0.095	0.036**	0.222	0.180	0.234**
	(6.027)	(0.799)	(2.127)	(1.358)	(1.608)	(1.974)
roe	0.004***	0.620***	−0.021	0.736***	1.671***	0.655***
	(3.572)	(5.774)	(−0.861)	(4.483)	(6.245)	(6.173)

(续表)

变量	rdinput	lp	over	lp	lnic	lp
	(1)	(2)	(3)	(4)	(5)	(6)
soe	−0.002**	0.076	−0.006	0.063	0.090*	0.055
	(−2.583)	(1.322)	(−1.090)	(0.872)	(1.652)	(0.941)
cashflow	0.010***	0.605***	0.083**	0.638**	0.338	0.724***
	(3.982)	(2.856)	(2.536)	(2.356)	(0.967)	(3.359)
常数项	0.033**	1.150**	0.069	1.521**	5.876***	1.507**
	(4.823)	(1.965)	(1.301)	(2.115)	(9.662)	(2.511)
年度固定效应	YES	YES	YES	YES	YES	YES
行业固定效应	YES	YES	YES	YES	YES	YES
样本量	4 034	4 034	1 140	1 140	4 034	4 034
R^2	0.428	0.695	0.129	0.758	0.102	0.687
Adj.R^2	0.422	0.692	0.099	0.749	0.093	0.683

注：*，**，*** 分别表示回归系数在10%，5%，1%的置信水平下显著。

用加计扣除与企业全要素生产率的关系中起完全中介作用；处于成熟期的企业，技术进步、资源配置效率和组织管理水平在研发费用加计扣除对企业全要素生产率产生影响的过程中的中介效应均得到验证。在要素密集度差异下，劳动密集型企业组织管理水平的中介效应未得到验证，研发费用加计扣除通过促进技术进步和优化资源配置效率提升企业全要素生产率；在资本密集型企业和技术密集型企业中，技术进步、资源配置效率和组织管理水平在研发费用加计扣除对企业全要素生产率产生影响的过程中的中介效应均得到验证。

  本章研究得出研发费用加计扣除会通过技术进步、资源配置效率和组织管理水平的作用路径影响企业全要素生产率，不仅为研究企业全要素生产率的影响因素提供了新的思路，而且为研发费用加计扣除的实施、政府优化监管行为等提供了经验数据和理论支撑。

6 研发费用加计扣除、环境协同与企业全要素生产率

环境协同是指为了实现政策目标,各权利主体以相应的市场、政府及相关体系政策等外部环境作为保障,以共识为导向,通过交流、协作等方式,关注各自发挥的协同作用,进而形成协同效应,从而实现政策的连续性和有效性的过程。因此,本章在上一章对技术进步、资源配置效率和组织管理水平对研发费用加计扣除与企业全要素生产率的中介效应进行研究的基础上,从协同角度分析要素市场发育程度、政府科研支持力度和"营改增"政策对研发费用加计扣除与企业全要素生产率关系的调节效应,并进一步区分企业产权性质、所处生命周期和要素密集度,实证分析要素市场发育程度、政府科研支持力度和"营改增"政策对研发费用加计扣除与企业全要素生产率关系的调节效应是否存在企业异质性。

6.1 理论分析与假设提出

6.1.1 研发费用加计扣除、要素市场发育程度与企业全要素生产率

现代制度经济学理论认为,决定经济主体行为的基本因素是制度环境(Ménard 和 Shirley,2005)。我国不同地区对国家政策的执行情况存在显著差异,导致各个地区的市场化程度并不均衡(刘金星和宋理升,2013),如樊纲

等(2011)研究发现我国省级行政区域的市场化程度存在明显差异。在要素市场发育程度较高的地区,上市公司遵循完善的法律制度和监管体系,企业会在一个相对公平的环境里进行经营;上市公司的竞争比较激烈,公司在各类契约的签订和交易中受到的约束会更完善(柳雅君,2014)。因此,市场可以实现对交易的事前、事中和事后的控制和调节,从而降低机会主义成本,缓解企业面临的机会主义和信息不对称所带来的不利影响,进而优化企业资源配置效率(魏婧恬等,2017),提高企业全要素生产率。同时,要素市场发育程度的提升能够深化复杂产品的专业分工,降低契约履行的风险,增强企业管理水平,进而提高企业全要素生产率(Levchenko,2007;Acemoglu 等,2007;Costinot,2009;樊纲等,2011)。但要素市场发育程度对研发费用加计扣除与企业全要素生产率的影响可能存在两面性。

一方面,由于我国不同地区市场化环境不同,其法制意识、知识产权保护程度以及市场中介发展水平也存在差异(郝颖和刘星,2010)。要素市场发育程度较高的地区,其法律、社会、经济等制度环境要优于其他地区。首先,要素市场发育程度较高的地区,其金融市场发育程度较高,良好的金融市场能够为企业提供更多的外部融资方式和更宽的融资渠道,降低企业融资成本。并且市场机制具有调节资源配置功能,能促进市场交易的活性,使各项资源达到最优配置,从而缓解企业融资约束压力。因此,要素市场发育程度较高的地区不会过分依赖研发费用加计扣除的激励效应。其次,要素市场发育程度较高的地区,其竞争环境更加透明,市场这只无形之手会发挥更充分的作用。这些地区的地区性贸易保护主义程度较低,企业享有更加自由和便利的营商环境,使得企业交易成本降低,能够有效提高企业的预期收益。因此,要素发育程度较高地区的企业,研发费用加计扣除对创新收益的提升作用较弱。最后,要素市场发育程度较高的地区法律制度相对完善,而完善的知识产权保护制度能够确保企业研发产出产品的排他占有,降低企业的研发风险,从而能够激发企业进行技术创新。同时,要素市场发育程度较高的地区能够吸引大量技术人才和外资企业进入,优化资源配置,提高组织管理水平。

因此，要素市场发育程度较高的地区，研发费用加计扣除在降低研发投资成本和风险、提升创新收益、优化资源配置效率及提高组织管理水平的激励效果弱于要素市场发育程度较低的地区。

另一方面，市场化改革通过影响市场化水平、筹资环境和新产品需求而对企业行为产生影响（戴魁早，2011）。适应性创新模式的选择需要与制度环境、要素禀赋相匹配。一个地区经济发展水平及制度环境达到一定水平之后，其会促使企业以自主研发为主的内源式创新模式提高技术水平（余永泽和张先轸，2015；樊纲等，2011）。要素市场发育程度较高的地区，信息不对称程度较低，企业所有者会对代理人进行更加有效的监督，抑制企业管理者的道德风险行为，提高企业组织管理水平，优化企业资源配置，更好地监督企业的研发活动等政策的实施，从而提高研发费用加计扣除的激励效应。另外，外商投资可能会带来一定的技术溢出效应，大量先进的技术和完善的资本市场保障了外商投资投入的加大，提高了本土企业的研发投入和技术创新意愿，促进企业积极享受研发费用加计扣除政策以提高企业全要素生产率。要素市场发育程度较低的地区，企业整体创新意识比较欠缺，科研实力较弱，高级研发人员不足；同时，持续增加研发投入会使企业现金流趋于紧张，导致外部利益相关者对于研发投入所带来的经济效益并不乐观。因此，基于以上分析，本章提出以下竞争性假设：

假设 6.1a：在其他条件不变的情况下，要素市场发育程度越高，研发费用加计扣除对企业全要素生产率的激励效应越弱。

假设 6.1b：在其他条件不变的情况下，要素市场发育程度越高，研发费用加计扣除对企业全要素生产率的激励效应越强。

6.1.2　研发费用加计扣除、政府科研支持力度与企业全要素生产率

政府是优化资源配置的重要主体，也是弥补市场缺陷的重要主体，政府科研支出是政府参与经济、促进创新的重要方式（张卫国等，2011）。但政府科研支持作为干预经济的重要方式，也是一把"双刃剑"。一方面，政府科研

支持可以让企业获得大量的有益资源,包括物力、人力和财力(Krueger,1974),促进企业提高资源配置效率,进而提高企业全要素生产率;但另一方面,企业仅仅依靠政府支持给予的资源,并不能有效提高自身的公司治理水平,甚至可能导致企业形成浪费资源的习惯,不利于提高资源配置效率和企业全要素生产率。政府支持和保护力度较大的地区,其企业可以拥有相对较多的财力、物力以及人力,且其企业所面临的竞争也相对较小,对外部环境的变化不够敏感(韩庆兰和刘莉,2017),这会使得这些企业不愿意冒险进行研发投资,自然,它们对研发费用加计扣除的税收优惠政策享受就不到位。"资源诅咒"效应理论认为在政府过度的科研支持下,资本市场扭曲会抑制企业的研发积极性。企业创新活动风险大、成本高、回报时间长,研发创新具有一定的外部性,受政府支持的企业具有一定的融资优势,为了避免研发风险,其也会降低企业研发投入,从而不利于企业全要素生产率的提升(袁建国等,2015;李沙沙和邹涛,2017)。

强大的政府科研支持力度会降低研发费用加计扣除对企业全要素生产率的促进效应。首先,政府科研支持力度较强的企业容易进入公众、监管部门的视野,企业为了保持较高的政治名誉和社会地位,往往会进行寻租,扩大生产规模,招聘更多员工,以期给社会带来更多的就业机会和创造更多的经济效益,进而降低社会风险,实现其政治目标(梁莱歆和冯延超,2010)。但这些行为会增加企业的人力成本,使得企业不能真正雇佣能够提高企业生产经营能力的专业人才,资源配置产生扭曲,资源配置效率降低,从而不利于发挥研发费用加计扣除对企业全要素生产率的促进效应。其次,政府支持较高的企业能够获得较多的投资资源和投资机会,容易导致管理者的过度自信。管理者的过度自信会导致对资本市场的风险低估,并倾向于扩大投资,这有可能产生过度投资(Heaton,2002),使得企业投资效率降低。再加上为了满足地方政府的地方生产总值增长目标,受政府干预较高的企业可能会远离可使公司利益最大化的投资,转而盲目投资(梁莱歆和冯延超,2010),削弱企业的创新动机,从而不利于发挥研发费用加计扣除政策对企业全要素生产率的促进效应。最后,政府科研支持会导致要素市场扭曲,进而改变要素价格和要素供给数量,破坏企业的最优化行为,降低企业的资源配置效率,不利于提高企业全要素生产率(闫雨等,2019)。特别是在信息不对称的情况下,在政府给予更多的支持时,或许由于政策拟定者信号甄别机制的失效,或许由于信号传递人员整体素质不佳,致使企业通过非真实的行为来获取政府更多的支持,而非将资源用于提高生产率,这样一来企业的资源配置效率也会降低,也不利于其提高全要素生产率。因此,基于以上分析,本章提出以下假设:

假设6.2:在其他条件不变的情况下,政府科研支持力度越强,研发费用加计扣除对企业全要素生产率的激励效应越弱。

6.1.3 研发费用加计扣除、"营改增"政策与企业全要素生产率

实施创新驱动发展战略并加快核心技术的自主创新,对我国经济社会发展具有重要作用。税收优惠政策作为重要的政府宏观调控工具,对企业创新活动具有激励作用(王瑶等,2021)。作为我国近年来税收优惠力度最大、影响最为深远的税制改革,"营改增"政策不仅降低了服务行业的税基,消除了重复征税,而且还打通了增值税抵扣链条,使企业获得了更多进项税额抵扣。"营改增"政策如何影响研发费用加计扣除与企业全要素生产率的关系,成为学者们关注的重要话题。

系统论认为,系统由众多个体要素组成,是拥有一些特定能力的有机体。企业在经营管理和投资运营等活动中,可以通过合理安排生产,协调企业内部各部门的运行,使企业资源得到进一步优化,提高企业效率,最终达到利益最大化的目的。首先,"营改增"政策能够为企业获得更多的进项税额抵扣,降低企业税负成本,增加企业的现金流量,刺激企业进行研发活动投入,降低企业创新活动的不确定性以及外溢带来的沉没成本(汪卢俊和苏建,2019),进而促进企业对研发费用加计扣除的实施;同时,"营改增"政策可以提高资源配置效率,提升组织管理水平,进而提高企业全要素生产率。其次,企业享受"营改增"政策,需要专业人员对税收优惠政策进行了解和学习,研发费用

加计扣除也是税收优惠政策的重要举措之一。企业应对研发费用加计扣除的申请以及优惠条件等作深入分析，加大研发投入，享受研发费用加计扣除带来的税收优惠效应，进而提高企业全要素生产率。因此，"营改增"政策与研发费用加计扣除对企业全要素生产率的影响存在 1+1＞2 的协同效应。

一个国家或者一个地区的税负成本是影响企业全要素生产率的重要因素（孙正等，2020）。首先，"营改增"政策实行之后，企业外购服务成本降低，其可以为提高行业竞争优势而选择发展核心业务。这有利于企业扩大市场规模，发挥规模经济效应，加快产业升级，提高专业化分工和生产效率，提高企业全要素生产率。其次，"营改增"政策的实行使得增值税抵扣链条进一步完善，能够减少税收对企业的干预，进而影响企业资本的投向和规模（吕冰洋和陈志刚，2015），优化企业资源配置，促进企业全要素生产率的提高。最后，"营改增"政策在金融行业实行以来，对整个金融行业的产出效率起到了明显的提升作用，从而增强了税收政策对金融资源的影响力。同时，该政策的实行让部分金融成本能够在增值税抵扣链条中得以体现，有效提升了企业全要素生产率（孙正等，2020）。因此，基于以上分析，本章提出以下假设：

假设 6.3：在其他条件不变的情况下，"营改增"政策的实行能够显著增强研发费用加计扣除对企业全要素生产率的促进效应。

研发费用加计扣除、环境协同与企业全要素生产率的逻辑关系如图 6-1 所示。

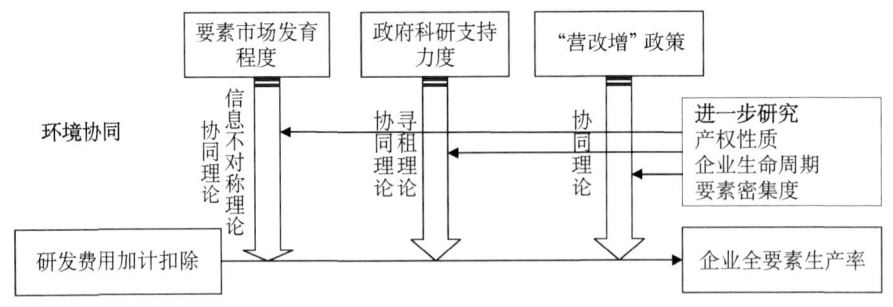

图 6-1　研发费用加计扣除、环境协同与企业全要素生产率的逻辑关系

资料来源：作者采用 Visio 软件绘制。

6.2 研究设计

6.2.1 变量选取与测度

1) 要素市场发育程度

本章采用市场化指数来衡量要素市场发育程度。市场化指数主要来自《中国市场化指数:各地区市场化相对进程 2011 年报告》(樊纲等,2011)和《中国分省份市场化指数报告(2016)》(王小鲁等,2017)等得出的企业所处地区的市场化程度,用 mark 表示,该比值越大,说明市场化水平越高,要素发育市场程度越高。

2) 政府科研支持力度

出于承担政策性支持责任或实现政府管理目标的需要,地方政府会有强烈的动机支持企业的经营活动,但这种支持一旦过度,就会损害企业的生产效率。因此,本书借鉴潘红波等(2008)的研究,采用城市科学技术支出(万元)/财政支出(万元)作为政府科研支持力度的衡量指标,用 government 表示,该比值越大,说明政府影响企业经营活动的程度越高。

3) "营改增"政策

为了进一步完善税制、减轻相关企业税负、促进产业分工以及经济结构的调整,2012 年 1 月 1 日我国开始施行"营改增"政策,至 2016 年 5 月 1 日,该政策已在全国范围内实行。该政策与研发费用加计扣除是否产生协同效应具有重要意义。本书借鉴王瑶等(2021)的研究,采用虚拟变量 zzs 作为"营改增"政策的衡量指标,如果企业所在地区当年被纳入"营改增"试点,则当年及以后年份 zzs 均取值为 1,否则 zzs 取值为 0。

本章主要变量定义详见表 6-1,其他变量详见表 4-2。

表 6-1　研发费用加计扣除、环境协同与企业全要素生产率主要变量定义

变量名称	变量符号	计算方法
要素市场发育程度	$mark$	市场化指数
政府科研支持力度	$government$	城市科学技术支出(万元)/财政支出(万元)
"营改增"政策	zzs	企业所在地区当年被纳入"营改增"试点,则当年及以后 zzs 取值为1,否则为0

6.2.2　实证模型设计

为验证假设 6.1,即要素市场发育程度对研发费用加计扣除与企业全要素生产率的调节效应,本节构建如下调节效应模型:

$$lp_{it} = \alpha_0 + \alpha_1 kczh_{it} + \alpha_2 mark_{it} + \alpha_3 kczh_{it} \times mark_{it} + \beta controls_{it} + \sum Year + \sum Industry + \varepsilon_{it} \tag{6.1}$$

为验证假设 6.2,即政府科研支持力度对研发费用加计扣除与企业全要素生产率的调节效应,本节构建如下调节效应模型:

$$lp_{it} = \alpha_0 + \alpha_1 kczh_{it} + \alpha_2 government_{it} + \alpha_3 kczh_{it} \times government_{it} + \beta controls_{it} + \sum Year + \sum Industry + \varepsilon_{it} \tag{6.2}$$

为验证假设 6.3,即"营改增"政策的实行对研发费用加计扣除与企业全要素生产率的调节效应,本节构建如下调节效应模型:

$$lp_{it} = \alpha_0 + \alpha_1 kczh_{it} + \alpha_2 zzs_{it} + \alpha_3 kczh_{it} \times zzs_{it} + \beta controls_{it} + \sum Year + \sum Industry + \varepsilon_{it} \tag{6.3}$$

其中,lp 表示企业全要素生产率;kczh 表示研发费用加计扣除综合测度;mark 表示要素市场发育程度;government 表示政府科研支持力度;zzs 表示"营改增"政策;α_0 表示常数项;ε_{it} 表示扰动项;i 表示公司,t 表示年份;Year 表示时间固定效应;Industry 表示行业固定效应;controls 表示控制变量。

6.3 实证检验

6.3.1 描述性统计

研发费用加计扣除、环境协同与企业全要素生产率变量描述性统计结果如表6-2所示。

表6-2 研发费用加计扣除、环境协同与企业全要素生产率变量描述性统计结果

变量名称	样本量	均值	标准差	p25	p50	p75	最小值	最大值
lp	22 646	14.860	0.960	14.220	14.790	15.420	12.080	17.810
kczh	22 646	0.216	1.429	−0.966	−0.124	1.075	−1.613	4.226
mark	22 646	7.991	1.712	6.750	8.150	9.440	2.530	11.710
government	22 646	0.037	0.025	0.017	0.034	0.052	0.004	0.128
zzs	22 646	0.644	0.479	0	1	1	0	1

注：p25、p50和p75分别表示1/4、1/2和3/4分位数。

由表6-2可知，要素市场发育程度的均值为7.991，最小值为2.530，最大值为11.710，这说明我国要素市场发育程度差异比较大，不同的市场环境对企业的经营决策具有很大的影响。政府科研支持力度的均值为0.037，最小值为0.004，最大值为0.128，这说明我国政府科研支持力度参差不齐，有些地方政府支持力度过大，也会影响市场资源配置的效率，影响企业经营决策。"营改增"政策的均值为0.644，最小值为0，最大值为1，这说明样本中存在一定差异，这对分析"营改增"政策与其他税收优惠政策的协同作用具有重要意义。其他变量描述性统计结果详见表4-3。

6.3.2 相关性分析

表6-3为研发费用加计扣除、环境协同与企业全要素生产率主要变量相关性分析结果。由表6-3可知,研发费用加计扣除综合测度与企业全要素生产率的相关系数为0.144,在1%水平上显著正相关。要素市场发育程度与企业全要素生产率的相关系数为0.084,在1%水平上显著正相关。政府科研支持力度与企业全要素生产率的相关系数为0.113,在1%水平上显著正相关。"营改增"政策与企业全要素生产率的相关系数为0.108,在1%水平上显著正相关,初步验证了相关假设。

表6-3 研发费用加计扣除、环境协同与企业全要素生产率主要变量相关性分析结果

变量	lp	$kczh$	$mark$	$government$	zzs
lp	1				
$kczh$	0.144***	1			
$mark$	0.084***	0.244***	1		
$government$	0.113***	0.213***	0.578***	1	
zzs	0.108***	0.531***	0.502***	0.355***	1

注:*、**、***分别表示回归系数在10%、5%、1%的置信水平下显著。

6.3.3 实证结果分析

表6-4报告了研发费用加计扣除政策、环境协同与企业全要素生产率回归结果。由表6-4第(1)列至第(2)列可以看出,不加入控制变量的情况下,研发费用加计扣除综合测度×要素市场发育程度的回归系数为-0.014,在1%水平上显著负相关,初步验证了假设6.1a;将相关控制变量加入模型,研发费用加计扣除综合测度×要素市场发育程度的回归系数为-0.007,在5%水平上显著负相关,验证了假设6.1a。这说明虽然要素市场发育程度较高的地区能够化解企业面临的机会主义和信息不对称所带来的不利影响,提高企

表 6-4 研发费用加计扣除政策、环境协同与企业全要素生产率回归结果

变量	要素市场发育程度		政府科研支持力度		"营改增"政策	
	(1)	(2)	(3)	(4)	(5)	(6)
kczh	0.299***	0.114***	0.227***	0.084***	0.081***	-0.003
	(6.866)	(4.252)	(12.121)	(8.191)	(4.577)	(-0.252)
mark	0.018	0.052***				
	(1.594)	(8.348)				
kczh×mark	-0.014***	-0.007**				
	(-3.000)	(-2.459)				
government			2.645***	2.993***		
			(3.718)	(7.729)		
kczh×government			-1.194***	-0.672***		
			(-4.009)	(-4.103)		
zzs					-0.019	0.022
					(-0.671)	(1.285)
kczh×zzs					0.088***	0.058***
					(4.811)	(5.332)
lnasset		0.564***		0.564***		0.557***
		(60.100)		(59.943)		(60.319)

(续表)

变量	要素市场发育程度		政府科研支持力度		"营改增"政策	
	(1)	(2)	(3)	(4)	(5)	(6)
lev		0.589***		0.581***		0.612***
		(11.071)		(10.836)		(11.340)
growth		0.131***		0.128***		0.127***
		(12.466)		(12.181)		(12.055)
lndsh		−0.100*		−0.105*		−0.077
		(−1.879)		(−1.952)		(−1.439)
ifjz		0.046***		0.046***		0.038**
		(3.019)		(2.993)		(2.449)
indep		−0.245		−0.272		−0.268
		(−1.465)		(−1.632)		(−1.575)
lncage		0.064***		0.066***		0.013
		(2.635)		(2.685)		(0.573)
first		0.318***		0.329***		0.365***
		(5.322)		(5.483)		(6.014)
manhold		0.029		0.036		0.037
		(0.675)		(0.826)		(0.847)

(续表)

变量	要素市场发育程度		政府科研支持力度		"营改增"政策	
	(1)	(2)	(3)	(4)	(5)	(6)
roe		0.668***		0.675***		0.711***
		(14.989)		(15.078)		(15.584)
soe		0.060**		0.037		0.048**
		(2.432)		(1.519)		(1.963)
cashflow		0.661***		0.703***		0.669***
		(6.949)		(7.322)		(7.066)
常数项	14.533***	1.495***	14.665***	1.919***	14.513***	2.026***
	(112.734)	(6.142)	(154.854)	(8.011)	(166.812)	(8.347)
年度固定效应	YES	YES	YES	YES	YES	YES
行业固定效应	YES	YES	YES	YES	YES	YES
样本量	22 646	22 646	22 646	22 646	22 646	22 646
R^2	0.110	0.702	0.112	0.701	0.102	0.692
Adj. R^2	0.108	0.702	0.111	0.700	0.101	0.692

注：*、**、***分别表示回归系数在10%、5%、1%的置信水平下显著。

业全要素生产率,但较高的市场发育程度弱化了研发费用加计扣除对全要素生产率的影响,形成了挤出效应。

从表6-4第(3)列至第(4)列可以看出,不加入控制变量的情况下,研发费用加计扣除综合测度×政府科研支持力度的回归系数为-1.194,在1%水平上显著负相关,初步验证了假设6.2;将相关控制变量加入模型,研发费用加计扣除综合测度×政府科研支持力度的回归系数为-0.672,在1%水平上显著负相关,验证了假设6.2。这说明政府科研支持力度削弱了研发费用加计扣除的实施效果。维持与政府的关联关系,可能会消耗企业的部分精力,挤占企业有限的经济资源,使得研发费用加计扣除的激励效应大打折扣,降低研发费用加计扣除对企业全要素生产率的激励作用。

从表6-4第(5)列至第(6)列可以看出,在不加入控制变量的情况下,研发费用加计扣除综合测度×"营改增"政策的回归系数为0.088,在1%水平上显著正相关,初步验证了假设6.3;将相关控制变量加入模型,研发费用加计扣除综合测度×"营改增"政策的回归系数为0.058,在1%水平上显著正相关,验证了假设6.3。这说明"营改增"政策不仅能够有效提高企业全要素生产率,并且与研发费用加计扣除起到协同作用,能有效加强研发费用加计扣除对企业全要素生产率的影响。

6.3.4 稳健性检验

为了保证研究结论的稳健性,本节考虑滞后效应和宏观因素的影响,进一步采用重新测度解释变量的方法改进因测量误差引起的内生性问题;采用2SLS模型改进反向因果关系的内生性问题;采用PSM-OLS模型改进样本选择偏差引起的内生性问题,以使研究结构更加稳健。

1) 考虑滞后效应和宏观因素的影响

与本书第4.3.4节相同,由于研发费用加计扣除政策具有滞后效应,为此,本节将研发费用加计扣除滞后一期进行稳健性检验。同时,增加以下宏观层面控制变量:地区经济发展水平(lngdp),用地区生产总值的自然对数衡量;对外开放水平(fdi),用外商投资占 GDP 的比重衡量;城市工资水平(lnwage),用城市在岗职工平均工资的自然对数衡量。表 6-5 列示了考虑滞后效应的检验结果。由第(1)列至第(3)列可知,交乘项的回归系数显著性均未发生改变。表 6-6 列示了考虑宏观因素影响的检验结果。由第(1)列至第(3)列可知,交乘项的回归系数显著性均未发生改变。本章研究结论不变。

表 6-5 考虑滞后效应的检验结果(二)

变量	滞后一期 lp		
	(1)	(2)	(3)
l.$kczh$	0.096***	0.068***	−0.015
	(3.143)	(6.320)	(−1.388)
$mark$	0.050***		
	(8.041)		
l.$kczh \times mark$	−0.006*		
	(−1.814)		
$government$		2.704***	
		(7.778)	
l.$kczh \times government$		−0.510***	
		(−2.905)	
zzs			0.060***
			(3.486)
l.$kczh \times zzs$			0.055***
			(5.191)
ln$asset$	0.561***	0.560***	0.555***
	(59.880)	(59.605)	(59.894)

(续表)

变量	滞后一期 lp		
	(1)	(2)	(3)
lev	0.619***	0.610***	0.643***
	(11.541)	(11.293)	(11.822)
growth	0.138***	0.136***	0.133***
	(11.989)	(11.762)	(11.583)
lndsh	−0.100*	−0.103*	−0.081
	(−1.835)	(−1.874)	(−1.492)
ifjz	0.046***	0.046***	0.037**
	(2.988)	(2.935)	(2.362)
indep	−0.252	−0.282*	−0.281
	(−1.474)	(−1.654)	(−1.620)
lnclage	0.068***	0.069***	0.029
	(2.800)	(2.826)	(1.241)
first	0.320***	0.335***	0.368***
	(5.320)	(5.545)	(6.022)
manhold	0.024	0.030	0.039
	(0.548)	(0.675)	(0.883)
roe	0.666***	0.673***	0.702***
	(14.363)	(14.460)	(14.732)
soe	0.059**	0.036	0.046*
	(2.363)	(1.472)	(1.854)
cashflow	0.696***	0.746***	0.719***
	(7.160)	(7.593)	(7.423)
常数项	(7.061)	(8.314)	(8.274)

(续表)

变量	滞后一期 lp		
	(1)	(2)	(3)
年度固定效应	YES	YES	YES
行业固定效应	YES	YES	YES
样本量	21 504	21 504	21 504
R^2	0.703	0.701	0.693
Adj. R^2	0.702	0.700	0.692

注：*、**、*** 分别表示回归系数在10％、5％、1％的置信水平下显著。

表6-6 考虑宏观因素的检验结果（二）

变量	lp		
	(1)	(2)	(3)
$kczh$	0.113***	0.079***	−0.005
	(4.223)	(7.699)	(−0.453)
$mark$	0.046***		
	(6.416)		
$kczh \times mark$	−0.007**		
	(−2.459)		
$government$		2.671***	
		(5.425)	
$kczh \times government$		−0.596***	
		(−3.701)	
zzs			−0.012
			(−0.741)
$kczh \times zzs$			0.056***
			(5.098)

（续表）

变量	*lp*		
	(1)	(2)	(3)
ln*asset*	0.564***	0.563***	0.555***
	(59.897)	(59.570)	(59.839)
lev	0.590***	0.584***	0.618***
	(11.078)	(10.875)	(11.500)
growth	0.130***	0.128***	0.128***
	(12.434)	(12.219)	(12.203)
ln*dsh*	−0.098*	−0.102*	−0.069
	(−1.838)	(−1.914)	(−1.286)
ifjz	0.047***	0.045***	0.043***
	(3.076)	(2.907)	(2.809)
indep	−0.254	−0.269	−0.275
	(−1.522)	(−1.614)	(−1.632)
ln*clage*	0.065***	0.066***	0.019
	(2.686)	(2.678)	(0.822)
first	0.316***	0.325***	0.351***
	(5.272)	(5.398)	(5.802)
manhold	0.023	0.032	0.009
	(0.535)	(0.730)	(0.215)
roe	0.669***	0.675***	0.705***
	(14.983)	(15.047)	(15.490)
soe	0.057**	0.036	0.048**
	(2.335)	(1.462)	(1.980)
cashflow	0.667***	0.707***	0.694***
	(6.999)	(7.348)	(7.303)

(续表)

变量	lp		
	(1)	(2)	(3)
lngdp	0.009	0.018	0.034***
	(0.693)	(1.452)	(2.865)
fdi	0.008	0.006	0.014
	(0.840)	(0.665)	(1.433)
lnwage	0.013	−0.022	0.028
	(0.689)	(−1.078)	(1.543)
常数项	1.516***	1.819***	1.826***
	(5.903)	(7.077)	(7.091)
年度固定效应	YES	YES	YES
行业固定效应	YES	YES	YES
样本量	22 630	22 630	22 630
R^2	0.703	0.701	0.695
Adj. R^2	0.702	0.700	0.694

注：*、**、*** 分别表示回归系数在10%、5%、1%的置信水平下显著。

2) 重新测度被解释变量

与本书第4.3.4节相同，本节借鉴Wooldridge(2009)的研究，采用基于GMM模型的估计法对企业全要素生产率进行测度；同时借鉴Olley和Pakes(1996)的研究，采用OP法测度企业全要素生产率。表6-7为重新测度被解释变量的回归结果。表6-7第(1)列至第(3)列为使用GMM模型估计法对企业全要素生产率的重新估计的回归结果。第(1)列中研发费用加计扣除综合测度×要素市场发育程度的回归系数为−0.007，在5%水平上显著负相关；第(2)列中研发费用加计扣除综合测度×政府科研支持力度的回归系数为−0.708，在1%

表 6-7 重新测度被解释变量的回归结果

变量	GMM 模型				OP 法		
	(1)	(2)	(3)	(4)	(5)	(6)
kczh	0.116***	0.086***	−0.004	0.096***	0.049***	−0.019*
	(4.279)	(8.256)	(−0.363)	(3.290)	(5.439)	(−1.686)
mark	0.054***			0.050***		
	(8.537)			(7.748)		
kczh×mark	−0.007**			−0.010***		
	(−2.500)			(−2.995)		
government		3.120***			2.868***	
		(7.789)			(7.187)	
kczh×government		−0.708***			−0.733***	
		(−4.198)			(−4.305)	
zzs			0.024			0.074***
			(1.375)			(4.240)
kczh×zzs			0.059***			0.051***
			(5.401)			(4.495)
lnasset	0.579***	0.579***	0.572***	0.447***	0.441***	0.444***
	(56.111)	(55.972)	(55.934)	(45.158)	(46.693)	(45.735)

(续表)

变量	GMM模型			OP法		
	(1)	(2)	(3)	(4)	(5)	(6)
lev	0.579***	0.570***	0.602***	0.509***	0.525***	0.518***
	(10.569)	(10.330)	(10.827)	(9.218)	(9.650)	(9.299)
$growth$	0.133***	0.130***	0.128***	0.140***	0.138***	0.135***
	(12.473)	(12.178)	(12.024)	(12.127)	(12.053)	(11.736)
$lndsh$	−0.097*	−0.101*	−0.073	−0.126**	−0.115**	−0.118**
	(−1.765)	(−1.842)	(−1.323)	(−2.182)	(−2.011)	(−2.065)
$ifjz$	0.046***	0.045***	0.037**	0.056***	0.055***	0.047***
	(2.961)	(2.929)	(2.368)	(3.450)	(3.411)	(2.934)
$indep$	−0.209	−0.237	−0.232	−0.271	−0.294*	−0.299*
	(−1.223)	(−1.394)	(−1.339)	(−1.551)	(−1.684)	(−1.691)
$lnclage$	0.056**	0.058**	0.004	−0.688***	−0.703***	−0.712***
	(2.260)	(2.314)	(0.152)	(−26.249)	(−29.637)	(−29.196)
$first$	0.344***	0.355***	0.393***	0.271***	0.291***	0.310***
	(5.528)	(5.686)	(6.178)	(4.290)	(4.620)	(4.879)
$manhold$	0.036	0.043	0.045	0.024	0.023	0.047
	(0.818)	(0.981)	(1.012)	(0.519)	(0.488)	(1.010)

(续表)

变量	GMM 模型				OP 法	
	(1)	(2)	(3)	(4)	(5)	(6)
roe	0.668***	0.676***	0.713***	0.530***	0.548***	0.554***
	(14.638)	(14.735)	(15.252)	(12.192)	(12.427)	(12.483)
soe	0.066***	0.042*	0.053**	0.046*	0.030	0.025
	(2.641)	(1.689)	(2.139)	(1.805)	(1.225)	(1.005)
cashflow	0.700***	0.745***	0.708***	0.510***	0.554***	0.517***
	(7.158)	(7.531)	(7.277)	(5.133)	(5.581)	(5.223)
常数项	1.227***	1.672***	1.787***	5.502***	6.001***	5.999***
	(4.518)	(6.338)	(6.694)	(20.678)	(23.416)	(22.921)
年度固定效应	YES	YES	YES	YES	YES	YES
行业固定效应	YES	YES	YES	YES	YES	YES
样本量	22 646	22 646	22 646	22 646	22 646	22 646
R^2	0.704	0.702	0.693	0.597	0.591	0.587
Adj. R^2	0.703	0.701	0.693	0.596	0.591	0.587

注：*，**，*** 分别表示回归系数在 10%，5%，1% 的置信水平下显著。

表6-8 2SLS模型和PSM-OLS模型的检验结果

变量	2SLS模型			PSM-OLS模型		
	(1)	(2)	(3)	(4)	(5)	(6)
kczh	-0.024	-0.040	-0.110***	0.124***	0.074***	-0.002
	(-0.488)	(-0.885)	(-6.398)	(3.171)	(5.092)	(-0.097)
mark	0.057***			0.045***		
	(16.039)			(5.368)		
kczh×mark	-0.007**			-0.009**		
	(-2.275)			(-2.091)		
government		3.589***			2.708***	
		(8.254)			(4.908)	
kczh×government		-1.076***			-0.552**	
		(-4.598)			(-2.310)	
zzs			0.120***			0.000
			(5.619)			(-0.008)
kczh×zzs			0.137***			0.051***
			(8.811)			(3.171)
lnasset	0.571***	0.572***	0.579***	0.565***	0.564***	0.560***
	(92.785)	(55.492)	(57.277)	(43.567)	(43.658)	(43.820)

(续表)

变量	2SLS模型			PSM-OLS模型		
	(1)	(2)	(3)	(4)	(5)	(6)
lev	0.592***	0.589***	0.595***	0.621***	0.614***	0.645***
	(22.909)	(10.755)	(10.568)	(7.730)	(7.634)	(8.009)
growth	0.123***	0.118***	0.106***	0.120***	0.120***	0.120***
	(10.867)	(10.344)	(9.482)	(6.420)	(6.454)	(6.462)
lndsh	−0.093***	−0.097*	−0.081	−0.158**	−0.164**	−0.120
	(−3.842)	(−1.768)	(−1.466)	(−2.119)	(−2.186)	(−1.618)
ifiz	0.047***	0.047***	0.041**	0.077***	0.074***	0.070***
	(5.591)	(2.994)	(2.529)	(3.234)	(3.144)	(2.985)
indep	−0.237***	−0.272	−0.269	−0.367	−0.391	−0.367
	(−2.997)	(−1.614)	(−1.540)	(−1.530)	(−1.636)	(−1.505)
lnclage	0.064***	0.068***	0.050**	0.020	0.022	−0.027
	(6.226)	(2.733)	(2.026)	(0.485)	(0.539)	(−0.722)
first	0.332***	0.349***	0.388***	0.354***	0.367***	0.403***
	(12.637)	(5.683)	(6.131)	(4.360)	(4.509)	(4.922)
manhold	0.010	0.011	0.024	0.064	0.078	0.080
	(0.389)	(0.233)	(0.529)	(0.869)	(1.045)	(1.071)

(续表)

变量	2SLS模型				PSM-OLS模型	
	(1)	(2)	(3)	(4)	(5)	(6)
roe	0.662***	0.667***	0.679***	0.723***	0.725***	0.761***
	(18.122)	(14.745)	(14.501)	(8.028)	(8.124)	(8.253)
soe	0.075***	0.055**	0.065***	0.063**	0.048	0.057*
	(5.515)	(2.159)	(2.579)	(1.997)	(1.560)	(1.825)
cashflow	0.684***	0.741***	0.704***	0.746***	0.793***	0.730***
	(10.050)	(7.531)	(7.232)	(4.427)	(4.686)	(4.428)
常数项	1.012***	1.433***	1.347***	1.853***	2.215***	2.244***
	(4.458)	(4.725)	(4.950)	(5.718)	(6.944)	(7.032)
年度固定效应	YES	YES	YES	YES	YES	YES
行业固定效应	YES	YES	YES	YES	YES	YES
样本量	22 646	22 646	22 646	5 868	5 868	5 868
R^2	0.697	0.692	0.666	0.698	0.697	0.690
Adj. R^2	0.696	0.691	0.665	0.696	0.695	0.688

注：*、**、***分别表示回归系数在10%、5%、1%的置信水平下显著。

水平上显著负相关;第(3)列中研发费用加计扣除综合测度×"营改增"政策的回归系数为0.059,在1%水平上显著正相关。表6-7第(4)列至第(6)列为使用OP法对全要素生产率的重新估计的回归结果。第(4)列中研发费用加计扣除综合测度×要素市场发育程度的回归系数为－0.010,在1%水平上显著负相关;第(5)列中研发费用加计扣除综合测度×政府科研支持力度的回归系数为－0.733,在1%水平上显著负相关;第(6)列中研发费用加计扣除综合测度×"营改增"政策的回归系数为0.051,在1%水平上显著正相关。研究结果说明,要素市场发育程度越高的地区,研发费用加计扣除与企业全要素生产率的关系越弱;政府科研支持力度越大,研发费用加计扣除与企业全要素生产率的挤出效应越强烈;而"营改增"政策与研发费用加计扣除具有协同作用,可有效促进研发费用加计扣除政策的激励效应。本章研究结论不变。

3) 2SLS模型

与本书第4.3.4节相同,本节借鉴王立平和余小婷(2020)的研究,采用两阶段最小二乘法(2SLS)模型进行稳健性检验。表6-8第(1)列至第(3)列列示了2SLS模型的回归结果。其中,第(1)列中研发费用加计扣除综合测度×要素市场发育程度的回归系数为－0.007,在5%水平上显著负相关;第(2)列中研发费用加计扣除综合测度×政府科研支持力度的回归系数为－1.076,在1%水平上显著负相关;第(3)列中研发费用加计扣除综合测度×"营改增"政策的回归系数为0.137,在1%水平上显著正相关。本章研究结论不变。

4) PSM-OLS模型

与本书第4.3.4节相同,为了克服样本选择性偏误导致的不良影响,本节采用PSM-OLS模型进行稳健性检验。表6-8第(4)列至第(6)列列示了PSM-OLS模型的回归结果。其中,第(4)列中研发费用加计扣除综合测度×要素市场发育程度的回归系数为－0.009,在5%水平上显著负相关;第(5)列中研发费用加计扣除综合测度×政府科研支持力度的回归系数为-0.552,在5%水平上显著负相关;第(6)列中研发费用加计扣除综合测度×"营改增"政策的回归系数是0.051,在1%水平上显著正相关。本章研究结论不变。

6.4 企业异质性分析

6.4.1 产权性质异质性

与本书第4.4.1节分析的相同,国有企业和非国有企业面临的税收优惠政策、融资环境以及管理层管理方式等均存在差异,因此,本节将分别对国有企业和非国有企业中研发费用加计扣除、相关环境要素与企业全要素生产率关系进行进一步研究。表6-9第(1)列至第(3)列列示了国有企业研发费用加计扣除、相关环境要素与企业全要素生产率关系的回归结果。其中,第(1)列中研发费用加计扣除综合测度×要素市场发育程度的回归系数为-0.007;第(2)列中研发费用加计扣除综合测度×政府科研支持力度的回归系数为-0.574,在10%水平上显著负相关;第(3)列中研发费用加计扣除综合测度×"营改增"政策的回归系数是0.040,在1%水平上显著正相关。这说明国有企业受政府影响较大,对要素发育市场发育程度的敏感程度较低。表6-9第(4)列至第(6)列列示了非国有企业研发费用加计扣除、相关环境要素与企业全要素生产率关系的回归结果。其中,第(4)列中研发费用加计扣除综合测度×要素市场发育程度的回归系数为-0.008,在5%水平上显著负相关;第(5)列中研发费用加计扣除综合测度×政府科研支持力度的回归系数为-0.601,在1%水平上显著负相关;第(6)列中研发费用加计扣除综合测度×"营改增"政策的回归系数为0.083,在1%水平上显著正相关。这说明非国有企业相关环境要素对研发费用加计扣除与企业全要素生产率关系的影响与全样本结论一致。

表6-9 产权性质差异的回归结果

变量	国有企业			非国有企业		
	(1)	(2)	(3)	(4)	(5)	(6)
$kczh$	0.102**	0.071***	−0.002	0.120***	0.082***	−0.022
	(2.467)	(4.371)	(−0.118)	(3.458)	(6.282)	(−1.340)
$mark$	0.052***			0.050***		
	(4.997)			(6.600)		
$kczh \times mark$	−0.007			−0.008**		
	(−1.498)			(−2.058)		
$government$		3.609***			2.510***	
		(5.283)			(5.408)	
$kczh \times government$		−0.574*			−0.601***	
		(−1.895)			(−3.060)	
zzs			−0.014			0.051**
			(−0.529)			(2.329)
$kczh \times zzs$			0.040***			0.083***
			(2.715)			(4.870)
$lnasset$	0.569***	0.565***	0.567***	0.561***	0.561***	0.550***
	(39.123)	(38.564)	(39.347)	(45.426)	(45.637)	(45.691)

(续表)

变量	国有企业			非国有企业		
	(1)	(2)	(3)	(4)	(5)	(6)
lev	0.469***	0.476***	0.473***	0.638***	0.630***	0.672***
	(4.876)	(4.931)	(4.871)	(10.401)	(10.259)	(10.907)
growth	0.106***	0.102***	0.106***	0.144***	0.142***	0.138***
	(6.371)	(6.197)	(6.217)	(10.682)	(10.499)	(10.316)
lndsh	−0.099	−0.099	−0.079	−0.113*	−0.119*	−0.088
	(−1.100)	(−1.101)	(−0.864)	(−1.790)	(−1.895)	(−1.438)
ifjz	0.040	0.034	0.031	0.044***	0.043***	0.036**
	(1.104)	(0.939)	(0.837)	(2.641)	(2.599)	(2.155)
indep	0.133	0.185	0.095	−0.488**	−0.538***	−0.511**
	(0.479)	(0.667)	(0.333)	(−2.378)	(−2.650)	(−2.483)
lnclage	0.127**	0.147***	0.075	0.045*	0.041	−0.002
	(2.449)	(2.819)	(1.588)	(1.666)	(1.497)	(−0.072)
first	0.443***	0.457***	0.484***	0.263***	0.278***	0.312***
	(4.011)	(4.093)	(4.277)	(3.721)	(3.959)	(4.389)
manhold	0.152	0.297	0.297	0.042	0.049	0.047
	(0.393)	(0.754)	(0.772)	(0.952)	(1.089)	(1.046)

(续表)

变量	国有企业				非国有企业		
	(1)	(2)	(3)	(4)	(5)	(6)
roe	0.639***	0.656***	0.694***	0.690***	0.689***	0.724***
	(8.824)	(8.926)	(9.251)	(12.379)	(12.388)	(12.742)
$cashflow$	0.606***	0.654***	0.590***	0.723***	0.767***	0.749***
	(3.630)	(3.866)	(3.488)	(6.448)	(6.796)	(6.774)
常数项	1.249***	1.619***	1.689***	1.658***	2.097***	2.270***
	(3.389)	(4.377)	(4.549)	(5.060)	(6.580)	(7.153)
年度固定效应	YES	YES	YES	YES	YES	YES
行业固定效应	YES	YES	YES	YES	YES	YES
样本量	8 623	8 623	8 623	14 023	14 023	14 023
R^2	0.730	0.729	0.720	0.649	0.646	0.639
Adj. R^2	0.729	0.728	0.719	0.648	0.645	0.638

注：*，**，*** 分别表示回归系数在 10%，5%，1% 的置信水平下显著。

6.4.2 生命周期异质性

根据本书第 4.4.2 节的分析,处于不同生命周期的企业,在企业规模、投资策略、盈利能力、研发能力等方面存在较大差别,企业发展的需求和目标也有所不同(Miller 和 Friesen,1984;刘诗源等,2020),因此,本节将分别对处于不同生命周期的企业中研发费用加计扣除、相关环境要素与企业全要素生产率的关系进行进一步研究。表 6-10 第(1)列至第(3)列列示了处于初创期的企业研发费用加计扣除、相关环境要素与企业全要素生产率关系的回归结果。其中,第(1)列中研发费用加计扣除综合测度×要素市场发育程度的回归系数为 0.019;第(2)列中研发费用加计扣除综合测度×政府科研支持力度的回归系数为 -0.839;第(3)列中研发费用加计扣除综合测度×"营改增"政策的回归系数是 0.033。这说明对处于初创期的企业,相关环境要素不会影响研发费用加计扣除与全要素生产率的关系。表 6-10 第(4)列至第(6)列列示了处于成长期的企业研发费用加计扣除、相关环境要素与企业全要素生产率关系的回归结果。其中,第(4)列中研发费用加计扣除综合测度×要素市场发育程度的回归系数为 -0.004;第(5)列中研发费用加计扣除综合测度×政府科研支持力度的回归系数为 -1.150,在 1% 水平上显著负相关;第(6)列中研发费用加计扣除综合测度×"营改增"政策的回归系数为 0.019。这说明对处于成长期的企业,政府科研支持力度对研发费用加计扣除政策效应影响较大。处于成长期的企业需要大量的资金、人力以及技术资源,当政府科研支持力度较高时,企业可能会倾向于关注该类政策的享受,从而影响选择研发费用加计扣除的积极性。表 6-11 列示了处于成熟期的企业研发费用加计扣除、相关环境要素与企业全要素生产率关系的回归结果。其中,第(1)列中研发费用加计扣除综合测度×要素市场发育程度的回归系数为 -0.008,在 5% 水平上显著负相关;第(2)列中研发费用加计扣除综合测度×政府科研支持力度的回归系数为 -0.599,在 1% 水平上显著负相关;第(3)列中研发费用加计扣除综合测度×"营改增"政策的回归系数为 0.059,在 1% 水平上显著正相关。这说明处于成熟期的企业,相关环境要素对研发费用加计扣除和全要素生产率关系的影响与全样本结论一致。

表6-10 生命周期差异的回归结果（一）

变量	处于初创期的企业			处于成长期的企业		
	(1)	(2)	(3)	(4)	(5)	(6)
kczh	−0.137	0.050	−0.043	0.071	0.087***	0.012
	(−0.976)	(0.937)	(−0.999)	(1.030)	(3.266)	(0.397)
mark	0.112***			0.037***		
	(5.257)			(3.372)		
kczh×mark	0.019			−0.004		
	(1.081)			(−0.524)		
government		2.634*			2.764***	
		(1.874)			(4.332)	
kczh×		−0.839			−1.150***	
government		(−1.002)			(−2.745)	
zzs			0.209***			−0.048
			(3.215)			(−1.320)
kczh×zzs			0.033			0.019
			(0.576)			(0.575)
lnasset	0.594***	0.609***	0.588***	0.552***	0.551***	0.552***
	(18.088)	(17.321)	(19.275)	(33.378)	(33.290)	(34.655)

(续表)

变量	处于初创期的企业			处于成长期的企业		
	(1)	(2)	(3)	(4)	(5)	(6)
lev	0.518***	0.535***	0.672***	0.769***	0.776***	0.777***
	(3.098)	(3.008)	(3.969)	(8.645)	(8.775)	(8.814)
growth	0.127*	0.125*	0.135*	0.083***	0.078***	0.084***
	(1.956)	(1.854)	(1.957)	(2.941)	(2.837)	(2.958)
lndsh	−0.046	−0.062	0.093	0.027	0.013	0.031
	(−0.284)	(−0.376)	(0.582)	(0.313)	(0.148)	(0.373)
ifjz	0.074	0.052	0.049	0.031	0.035	0.023
	(1.498)	(1.007)	(0.956)	(1.119)	(1.269)	(0.845)
indep	−0.240	−0.460	−0.395	−0.189	−0.264	−0.218
	(−0.542)	(−0.971)	(−0.865)	(−0.706)	(−0.989)	(−0.810)
lnclage	−0.022	−0.042	−0.281***	0.055	0.047	0.065
	(−0.220)	(−0.397)	(−2.964)	(0.761)	(0.637)	(1.002)
first	−0.037	−0.049	−0.054	0.453***	0.460***	0.476***
	(−0.193)	(−0.252)	(−0.273)	(4.661)	(4.743)	(4.890)
manhold	−0.120	−0.133	−0.143	0.081	0.081	0.078
	(−1.104)	(−1.156)	(−1.244)	(1.160)	(1.142)	(1.105)

(续表)

变量	处于初创期的企业			处于成长期的企业		
	(1)	(2)	(3)	(4)	(5)	(6)
roe	1.301***	1.442***	1.622***	0.855***	0.864***	0.894***
	(3.110)	(3.431)	(3.585)	(7.765)	(7.864)	(7.897)
soe	−0.080	−0.147	−0.091	0.030	0.015	0.008
	(−0.920)	(−1.648)	(−1.068)	(0.731)	(0.366)	(0.200)
cashflow	0.302	0.309	0.208	0.504***	0.544***	0.498***
	(0.927)	(0.919)	(0.613)	(2.952)	(3.197)	(2.968)
常数项	0.407	1.176	1.409*	1.542***	1.898***	1.803***
	(0.513)	(1.421)	(1.792)	(3.733)	(4.721)	(4.547)
年度固定效应	YES	YES	YES	YES	YES	YES
行业固定效应	YES	YES	YES	YES	YES	YES
样本量	660	660	660	3 520	3 520	3 520
R^2	0.852	0.839	0.833	0.737	0.738	0.731
Adj.R^2	0.843	0.829	0.827	0.733	0.735	0.728

注：*，**，***分别表示回归系数在10%，5%，1%的置信水平下显著。

表 6-11 生命周期差异的回归结果(二)

变量	处于成熟期的企业		
	(1)	(2)	(3)
$kczh$	0.122***	0.084***	−0.001
	(3.853)	(7.219)	(−0.077)
$mark$	0.053***		
	(7.441)		
$kczh \times mark$	−0.008**		
	(−2.251)		
$government$		2.922***	
		(6.647)	
$kczh \times government$		−0.599***	
		(−3.147)	
zzs			0.026
			(1.256)
$kczh \times zzs$			0.059***
			(4.788)
$lnasset$	0.567***	0.566***	0.559***
	(54.339)	(54.049)	(53.877)
lev	0.546***	0.535***	0.574***
	(9.011)	(8.781)	(9.321)
$growth$	0.133***	0.131***	0.129***
	(11.558)	(11.338)	(11.163)
$lndsh$	−0.133**	−0.132**	−0.110*
	(−2.199)	(−2.178)	(−1.815)
$ifjz$	0.052***	0.053***	0.044**
	(2.933)	(3.000)	(2.474)
$indep$	−0.253	−0.258	−0.276
	(−1.321)	(−1.352)	(−1.422)

(续表)

变量	处于成熟期的企业		
	(1)	(2)	(3)
$\ln clage$	0.070	0.081*	0.010
	(1.509)	(1.735)	(0.222)
$first$	0.292***	0.307***	0.338***
	(4.404)	(4.587)	(5.006)
$manhold$	0.040	0.054	0.053
	(0.786)	(1.060)	(1.037)
roe	0.646***	0.655***	0.685***
	(13.242)	(13.320)	(13.803)
soe	0.070***	0.050*	0.062**
	(2.607)	(1.867)	(2.328)
$cashflow$	0.709***	0.754***	0.728***
	(6.414)	(6.764)	(6.638)
常数项	1.475***	1.893***	2.058***
	(5.175)	(6.747)	(7.339)
年度固定效应	YES	YES	YES
行业固定效应	YES	YES	YES
样本量	17 154	17 154	17 154
R^2	0.689	0.687	0.679
Adj. R^2	0.688	0.686	0.678

注：*、**、***分别表示回归系数在10%、5%、1%的置信水平下显著。

6.4.3 要素密集度异质性

与本书第4.4.3节相同，本节根据对技术、资本和劳动力要素需求的不同，将产业划分为技术密集型产业、资本密集型产业和劳动密集型产业（李善民和叶会,2007;鲁桐和党印,2014),并区分不同要素密集度,对研发费用加计扣除、相关环境要素与企业全要素生产率的关系进行进一步研究。表6-12第(1)列至第(3)列列示了技术密集型企业研发费用加计扣除、相关环境要素与企业全要素生产率关系的回归结果。其中,第(1)列中研发费用加计扣除综合测度×要素市场发育程度的回归系数为-0.002;第(2)列中研发费用加计扣除综合测度×政府科研支持力度的回归系数为-0.475,在5%水平上显著负相关;第(3)列中研发费用加计扣除综合测度×"营改增"政策的回归系数是0.088,在1%水平上显著正相关。这表明对于技术密集型企业来讲,要素市场发育程度不会影响研发费用加计扣除与企业全要素生产率的关系,技术密集型企业更注重政府环境,政府给予的政策支持更重要。表6-12第(4)列至第(6)列列示了资本密集型企业研发费用加计扣除、相关环境要素与企业全要素生产率关系的回归结果。其中,第(4)列中研发费用加计扣除综合测度×要素市场发育程度的回归系数为-0.0110;第(5)列中研发费用加计扣除综合测度×政府科研支持力度的回归系数为-0.516;第(6)列中研发费用加计扣除综合测度×"营改增"政策的回归系数是0.055,在1%水平上显著正相关。这说明资本密集型企业"营改增"政策与研发费用加计扣除协同作用较强,促进了研发费用加计扣除政策的激励效应;资本密集型企业对资金的需求较强,政府给予科研支持与企业享受税收优惠的积极性都比较高。

表6-13列示了劳动密集型企业研发费用加计扣除、相关环境要素与企业全要素生产率关系的回归结果。其中,第(1)列中研发费用加计扣除综合测度×要素市场发育程度的回归系数为-0.008;第(2)列中研发费用加计扣除综合测度×政府科研支持力度的回归系数为-0.431;第(3)列中研发费用加计扣除综合测度×"营改增"政策的回归系数是0.012。这说明对于劳动密集型企业来讲,相关环境要素对研发费用加计扣除与企业全要素生产率关系影响不明显。

表 6-12 要素密集度差异的回归结果（一）

变量	技术密集型企业			资本密集型企业		
	(1)	(2)	(3)	(4)	(5)	(6)
kczh	0.066**	0.070***	−0.037***	0.171***	0.109***	0.018
	(2.319)	(5.742)	(−2.822)	(2.665)	(4.864)	(0.850)
mark	0.051***			0.054***		
	(6.641)			(4.381)		
kczh×mark	−0.002			−0.011		
	(−0.657)			(−1.538)		
government		2.936***			3.637***	
		(6.180)			(4.678)	
kczh×government		−0.475**			−0.516	
		(−2.502)			(−1.330)	
zzs			−0.009			0.073**
			(−0.397)			(2.284)
kczh×zzs			0.088***			0.055***
			(6.252)			(2.787)
lnasset	0.568***	0.568***	0.558***	0.538***	0.535***	0.534***
	(49.998)	(49.844)	(49.743)	(30.384)	(30.277)	(30.334)

(续表)

变量	技术密集型企业			资本密集型企业		
	(1)	(2)	(3)	(4)	(5)	(6)
lev	0.798***	0.800***	0.848***	0.257**	0.245**	0.259**
	(12.995)	(12.983)	(13.572)	(2.280)	(2.140)	(2.277)
growth	0.122***	0.120***	0.114***	0.119***	0.114***	0.119***
	(8.224)	(8.071)	(7.633)	(6.215)	(6.058)	(6.250)
lndsh	−0.171**	−0.171**	−0.149**	0.120	0.119	0.156
	(−2.306)	(−2.309)	(−2.014)	(1.293)	(1.289)	(1.642)
ifjz	0.049***	0.051***	0.041**	0.051	0.045	0.040
	(2.794)	(2.875)	(2.325)	(1.525)	(1.338)	(1.187)
indep	−0.652***	−0.698***	−0.695***	0.186	0.216	0.193
	(−3.013)	(−3.241)	(−3.175)	(0.540)	(0.633)	(0.554)
lnclage	0.106***	0.104***	0.050**	0.049	0.058	−0.003
	(3.993)	(3.894)	(1.975)	(0.871)	(1.005)	(−0.051)
first	0.238***	0.242***	0.276***	0.468***	0.489***	0.526***
	(3.466)	(3.508)	(3.992)	(3.737)	(3.884)	(4.114)
manhold	0.028	0.024	0.028	0.006	0.035	0.012
	(0.555)	(0.480)	(0.547)	(0.063)	(0.369)	(0.120)

（续表）

变量	技术密集型企业			资本密集型企业		
	(1)	(2)	(3)	(4)	(5)	(6)
roe	0.807***	0.816***	0.856***	0.389***	0.384***	0.403***
	(13.144)	(13.165)	(13.615)	(5.505)	(5.526)	(5.622)
soe	0.085***	0.063**	0.081***	−0.007	−0.037	−0.031
	(2.740)	(2.104)	(2.682)	(−0.152)	(−0.778)	(−0.645)
cashflow	0.595***	0.641***	0.660***	0.649***	0.691***	0.612***
	(4.959)	(5.311)	(5.574)	(3.297)	(3.452)	(3.087)
常数项	0.866***	1.215***	1.310***	1.264***	1.708***	1.658***
	(2.850)	(3.948)	(4.157)	(2.705)	(3.704)	(3.479)
年度固定效应	YES	YES	YES	YES	YES	YES
行业固定效应	YES	YES	YES	YES	YES	YES
样本量	12 124	12 124	12 124	6 702	6 702	6 702
R^2	0.753	0.751	0.744	0.657	0.656	0.644
Adj.R^2	0.752	0.750	0.743	0.655	0.654	0.643

注：*，**，***分别表示回归系数在10%，5%，1%的置信水平下显著。

表 6-13 要素密集度差异的回归结果(二)

变量	劳动密集型企业		
	(1)	(2)	(3)
$kczh$	0.123**	0.076***	0.052*
	(2.032)	(2.711)	(1.880)
$mark$	0.039**		
	(2.476)		
$kczh \times mark$	−0.008		
	(−1.134)		
$government$		2.913***	
		(2.843)	
$kczh \times government$		−0.431	
		(−0.775)	
zzs			−0.021
			(−0.467)
$kczh \times zzs$			0.012
			(0.412)
$lnasset$	0.596***	0.597***	0.593***
	(21.284)	(21.680)	(22.492)
lev	0.449***	0.429***	0.462***
	(3.268)	(3.114)	(3.311)
$growth$	0.171***	0.169***	0.173***
	(7.619)	(7.455)	(7.674)
$lndsh$	−0.236**	−0.251**	−0.215*
	(−1.981)	(−2.104)	(−1.866)
$ifjz$	0.007	0.012	−0.001
	(0.155)	(0.265)	(−0.017)
$indep$	0.358	0.318	0.383
	(0.887)	(0.790)	(0.938)

(续表)

变量	劳动密集型企业		
	(1)	(2)	(3)
$\ln clage$	−0.089	−0.079	−0.122*
	(−1.284)	(−1.134)	(−1.952)
$first$	0.243	0.263*	0.309**
	(1.599)	(1.726)	(2.027)
$manhold$	0.182	0.190	0.222*
	(1.524)	(1.595)	(1.895)
roe	0.649***	0.652***	0.699***
	(5.725)	(5.743)	(5.940)
soe	0.074	0.065	0.064
	(1.187)	(1.044)	(1.036)
$cashflow$	0.691***	0.735***	0.689***
	(3.070)	(3.262)	(3.070)
常数项	1.448**	1.703***	1.850***
	(2.264)	(2.709)	(3.000)
年度固定效应	YES	YES	YES
行业固定效应	YES	YES	YES
样本量	3 820	3 820	3 820
R^2	0.678	0.677	0.669
Adj. R^2	0.674	0.674	0.667

注：*、**、***分别表示回归系数在10%、5%、1%的置信水平下显著。

6.5 小结

本章运用协同理论、信息不对称理论和寻租理论，以2007—2019年深沪A股上市公司为研究样本，阐释了要素市场发育程度、政府科研支持力度和

"营改增"政策的实行在研发费用加计扣除对企业全要素生产率影响中的协同效应,并进一步分析了不同产权性质、不同生命周期和不同要素密集度下协同效应中存在的差异。本章研究结果如下。

(1) 要素市场发育程度越高的地区,研发费用加计扣除对企业全要素生产率的激励效应越差;政府科研支持力度越大的地区,研发费用加计扣除对企业全要素生产率的挤出效应越严重;"营改增"政策对研发费用加计扣除具有较强的协同作用,可促进企业全要素生产率的提高。考虑可能存在的内生性问题,本章采用考虑滞后效应、增加宏观因素、重新测度被解释变量、两阶段最小二乘法(2SLS)模型、PSM-OLS 模型等多种方式进行了稳健性检验,研究发现上述结果依然成立,因而增强了本章研究结论的可靠性。

(2) 在产权性质差异下,国有企业对于要素市场发育程度并不敏感,政府科研支持力度和"营改增"政策均能影响研发费用加计扣除的激励效应。而非国有企业研发费用加计扣除与企业全要素生产率受相关环境要素影响较大。在企业所处生命周期的差异下,处于初创期的企业,研发费用加计扣除对企业全要素生产率的影响不明显;处于成长期的企业,政府科研支持力度对研发费用加计扣除的激励效应影响较大;处于成熟期的企业,相关环境要素对研发费用加计扣除与企业全要素生产率关系的影响与全样本结论一致。在要素密集度差异下,在劳动密集型企业中,相关环境要素对研发费用加计扣除与企业全要素生产率关系的影响不明显;在技术密集型企业中,要素市场发育程度不会影响研发费用加计扣除与全要素生产率的关系;在资本密集型企业中,"营改增"政策与研发费用加计扣除的协同作用较强,其促进了研发费用加计扣除政策的激励效应。

本章研究得出要素市场发育程度、政府科研支持力度和"营改增"政策影响研发费用加计扣除和全要素生产率的关系,为研发费用加计扣除的实施、优化政府监管行为等提供了经验数据和理论支撑。

7 研究结论、政策建议与研究展望

7.1 研究结论

7.1.1 研究工作

本书选取2007—2019年深沪A股上市公司为研究样本,融合税收激励理论、经济增长理论、技术创新理论和资源配置理论等相关理论,探讨研发费用加计扣除与企业全要素生产率的关系。本书主要完成了以下研究工作。

(1) 系统梳理关于研发费用加计扣除与企业全要素生产率测度的研究、研发费用加计扣除的经济后果研究、企业全要素生产率的影响因素研究文献等,得出进行"研发费用加计扣除—技术进步、资源配置效率、组织管理水平—企业全要素生产率"理论框架研究的必要性和创新性。

(2) 拓展研发费用加计扣除强度、可得性、持续性、普惠性多维度特征,探寻研发费用加计扣除的测度和数据处理方法,分析研发费用加计扣除的政策变迁,从企业产权性质(国有、非国有)、企业所处生命周期(初创期、成长期、成熟期)、企业要素密集度(技术密集、资本密集、劳动密集)探讨研发费用加计扣除的实施现状,分析我国上市公司企业全要素生产率的现状,为本书的数据搜集、分析和实证检验提供支撑。

(3) 基于市场失灵和税收激励理论,对研发费用加计扣除与企业全要素生产率进行理论分析和实证检验;基于技术创新理论、资源配置理论以及资源基础理论,从技术进步、资源配置效率和组织管理水平三方面对研发费用加计扣除与企业全要素生产率的作用路径进行理论分析和实证检验,探究研发费用加计扣除对企业全要素生产率的影响机制;基于协同理论、寻租理论及信息不对称理论,对要素市场发育程度、政府科研支持力度、"营改增"政策与研发费用加计扣除的协同效应进行理论分析和实证检验。

(4) 进一步探讨产权性质(国有、非国有)、企业所处生命周期(初创期、成长期、成熟期)、要素密集度(技术密集、资本密集、劳动密集)等企业异质性的影响,分组对研发费用加计扣除与企业全要素生产率的关系进行理论分析和实证检验,明确研发费用加计扣除与企业全要素生产率的影响效果差异。

7.1.2 相关结论

提高全要素生产率是经济高质量发展的动力源泉,是企业发展的核心生产力所在。本书通过对研发费用加计扣除这一普惠性税收优惠政策与企业全要素生产率的影响机制及环境协同进行理论分析和实证检验,得出以下研究结论。

(1) 研发费用加计扣除能够提高企业全要素生产率。具体地讲,研发费用加计扣除强度、可得性、持续性、普惠性均能有效促进企业全要素生产率的提高。考虑可能存在的内生性问题,本书采用了考虑滞后效应、增加宏观因素、重新测度被解释变量、固定效应模型、两阶段最小二乘法(2SLS)模型、双重差分(DID)模型、双重差分倾向得分匹配(PSM－DID)模型以及 PSM－OLS 模型等方法进行了稳健性检验,研究结果依然成立。

(2) 技术进步、资源配置效率与组织管理水平的中介效应显著。企业享受研发费用加计扣除后,会加大研发投入,积极进行创新活动,从而提高企业全要素生产率;研发费用加计扣除能够提高资源配置效率,促进企业高质量发展;研发费用加计扣除能够提高组织管理水平,进而促进企业全要素生产率的提升。考虑可能存在的内生性问题,本书采用了考虑滞后效应、增加宏观因素、重新测度被解释变量、固定效应模型、两阶段最小二乘法(2SLS)

模型、PSM－OLS模型等方法进行了稳健性检验,研究结果依然成立。

(3)要素市场发育程度、政府科研支持力度、"营改增"政策的调节效应显著。要素市场发育程度越高的地区,研发费用加计扣除对企业全要素生产率的激励效应越差;政府科研支持力度越大的地区,研发费用加计扣除对企业全要素生产率的挤出效应越严重;"营改增"政策对研发费用加计扣除政策有较强的协同作用,促进企业全要素生产率的提高。考虑可能存在的内生性问题,本书通过考虑滞后效应、增加宏观因素、重新测度被解释变量、使用两阶段最小二乘法(2SLS)模型和PSM－OLS模型进行了稳健性检验,研究结果依然成立。

(4)企业异质性对研发费用加计扣除与企业全要素生产率的关系产生不同的影响。在产权性质差异下,不管是在国有企业还是非国有企业,研发费用加计扣除的实施均能够有效提高企业全要素生产率,促进企业高质量发展。在企业所处生命周期差异下,处于初创期的企业,企业研发费用加计扣除对企业全要素生产率的促进作用不明显。而在成长期和成熟期,企业会通过研发费用加计扣除的减税效应,通过提高资源配置效率、加大研发投资力度、提升组织管理水平等路径进一步提高企业全要素生产率。在要素密集度差异下,尽管在技术密集型企业、资本密集型企业以及劳动密集型企业,研发费用加计扣除都能够提高企业全要素生产率,但是通过组间系数差异分析发现,两者的关系在资本密集型企业的影响更大,说明研发费用加计扣除政策的减税效应能为企业提供充足的资金。在不同企业性质下,研发费用加计扣除政策与全要素生产率的影响路径和制度环境影响也不尽相同。

7.2 政策建议

7.2.1 企业层面

首先,企业应当充分利用研发费用加计扣除等税收优惠政策,规范对研发活动的财务管理。我国经济的增长在很大程度上是粗放型经济增长,将这种增长方式转变为集约化的经济发展模式,已成为当前亟待解决的问题。本书研究结论表明,研发费用加计扣除能够通过加大研发投入提高企业全要素生产率。因此,企业应该做到以下几个方面:着重加大研发投入,增强新产品的开发,提高产品质量,充分享受研发费用加计扣除政策;注重人才的引进和培养,积累人力资本,培养优秀的科研人才,提高企业创新能力;加强与其他企业的创新合作,降低创新成本和风险,提高企业创新效率,推动企业的研发产出,提升企业核心竞争力。另外,企业也要把握税收补贴机遇,合理利用产生的补贴资金,通过招商引资扩大企业规模,进一步推动企业投资效率和规模经济的发展,进而提高企业全要素生产率;在充分利用研发费用加计扣除等税收优惠政策的同时,应建立研发费用加计扣除的管理台账等,完善研发费用的财务核算制度。

其次,企业要优化资源配置结构,建立风险预测和防范机制。研发费用加计扣除政策的实施能够降低企业资金成本,促进企业更好地转型升级。本书的研究结论认为,研发费用加计扣除能够通过提高投资效率促进企业全要素生产率的提升,但企业在使用税收优惠补贴资金时有可能违背原则,将资金挪作他用。因此,企业应提高风险防范意识,建立风险预测和防范机制,提高企业投资效率,以促进企业全要素生产率的提升。

最后,企业要健全内部控制制度,提升组织管理水平。研发费用加计扣除对企业全要素生产率的传导路径之一是组织管理水平,企业高质量发展不能仅仅依靠政府和市场,还需要加强企业的内部管理。因此,企业应该充分利用税收优惠政策,建立良好的内部环境。企业应该提高使用研发费用加计扣除等税收优惠政策的积极性,合理配置相关人员进行政策解读,完善研发费用的管理制度,提高企业组织管理水平;改善企业的监督环境,激发员工劳动积极性,避免管理层的机会主义行为,保证经营、投资和筹资等环节的有效进行,进而有效提高企业经营效率,促进企业全要素生产率的提高。

7.2.2 政府层面

首先,政府需要适时调整对不同类型企业的研发补贴强度,有针对性地完善研发费用加计扣除政策。本书的研究结论表明研发费用加计扣除对企业全要素生产率具有促进作用,因此,政府应该进一步完善相关规定,扩大研发费用加计扣除的适用范围,加大优惠力度;简化政策申报制度,提高政策的持续性和普惠性,让更多企业能够充分享受研发费用加计扣除政策,促进企业研发投入的增加,投资效率的提高以及组织管理水平的优化,充分发挥政策对企业全要素生产率提升的激励效应。

其次,政府需要健全税收优惠体系,提高公共支出效率。本书的研究发现,"营改增"政策与研发费用加计扣除具有协同效应,能有效提升企业全要素生产率。研发费用加计扣除是税收优惠政策的一种,除此之外,我国还颁布了多种税收优惠政策,如"营改增"政策、企业所得税减免政策以及固定资产加速折旧政策等等,研发费用加计扣除与其他税种都可以叠加使用。因此,政府应当健全税收优惠体系,加大税收优惠力度、进一步健全税种,促使不同税种之间达成协同效应,降低企业的投入成本,提高公共支出效率,进而有效促进各级政府间的协调和企业全要素生产率的提升。

再次,政府应建立税收优惠政策的监督机制,充分发挥研发费用加计扣除对企业全要素生产率的激励效应。由于政府与企业之间存在信息不对称的风险,企业在争取税收优惠政策过程中可能释放虚假信息,为此,政府应设立相应的评估体系,对符合条件的企业进行监督,以减少逆向选择以及道德风险行为的发生,提高资金发放的透明度,使税收优惠补贴资金能够分配给真正有需要的企业,提高资源配置效率,以达到预期效果。同时,政府要加强对享受优惠政策企业的事中监督,建立企业申请优惠政策的信用记录,追踪相应的资金流向,从而避免企业在资金使用过程中的浪费及欺诈行为,提高资金的使用效率。另外,本书研究结论表明政府科研支持力度会弱化研发费用加计扣除与企业全要素生产率的关系,说明政府执行对企业的支持政策时要防止寻租行为,监督政策的有效性,使资金得到有效利用。

最后,政府应积极发挥市场调节功能,营造有效市场环境。要素市场化程度较高的地区,研发费用加计扣除的激励效应弱化现象较显著,说明市场在资源配置上起关键作用,因此,要强化政府与市场对资源的协同配置功能,充分尊重市场的经济运行规律,减少政府对资源配置的"不当干预",健全相应的产权制度、市场制度和司法保障制度,营造公平的市场环境。一方面,完善知识产权保护法,加强知识产权执法力度,提高企业知识产权保护水平,从而削减企业创新活动的外部性,激发企业研发的积极性,提升企业创新能力和技术升级,推动企业全要素生产率水平的提升。另一方面,建立公平的市场准入机制,拓宽民营企业的投资领域,为企业提供稳定和谐的市场环境。

7.3 研究展望

本书在梳理研发费用加计扣除与企业全要素生产率相关研究文献,分析研发费用加计扣除实施现状的基础上,依据市场失灵理论、税收激励理论、经济增长理论等,将研发费用加计扣除、相关环境要素和企业全要素生产率纳入统一框架,并以2007—2019年中国A股上市公司为研究样本,分析并实证检验了研发费用加计扣除与企业全要素生产率的关系及作用路径,并分析了相关环境要素对两者的调节作用。与以往的研究相比,本书虽然深化了研发费用加计扣除强度、可得性、持续性、普惠性以及整体政策对企业全要素生产率的影响研究,丰富了研发费用加计扣除的测度,指出了研发费用加计扣除对企业全要素生产率的影响路径,并探索分析了相关环境要素与两者的关系,但由于受现有理论框架、数据采集范围及作者研究能力等原因所限,以下几个方面有待后续研究中不断完善。

(1)变量测度问题。本书从研发费用加计扣除强度、可得性、持续性、普惠性四个维度测量了研发费用加计扣除的实施,并明确界定了可得性、持续性、普惠性的具体概念。尽管本书的研究丰富了研发费用加计扣除的多维度测度,但是关于强度、可得性、持续性、普惠性四个维度是否能够全面涵盖研发费用加计扣除政策的相关理论支撑文献较少。因此,在以后的研究中需要完善和扩展研发费用加计扣除的多维测度以及相应的理论支撑。

(2)调节效应问题。本书根据信息不对称理论、寻租理论和协同理论探讨了要素市场发育程度、政府科研支持力度和"营改增"政策等相关环境要素对研发费用加计扣除与企业全要素生产率的影响。但是相关环境要素的范围很广泛,国家审计、社会审计、分析师关注、政策不稳定等都有可能影响两者的关系,且本书并未研究内部治理环境对两者的影响。因此,在以后的研究中需要深入探究相关环境要素的范畴,完善内部治理环境对两者的调节作用。

此外,本书从实证层面探究了研发费用加计扣除与企业全要素生产率的关系及作用机制与协同效应,但数据所限,未能涵盖全行业企业的研发费用加计扣除的实际具体情况。因此,在以后的研究中要对如兵器装备、航天航空、电子通信等研究开发意愿较强的典型行业进行案例研究,以检验实证研究结论。

主要参考文献

[1] ACEMOGLU D, ANTRAS P, HELPMAN E. Contracts and technology[J]. American Economic Review, 2007, 97(3): 916-943.

[2] ADIZES I. Corporate lifecycles: how and why corporations grow and die and what to do about it?[J]. Prentice Hall, 1988.

[3] AGHION P, CAI J, DEWATRIPONT M, et al. Industrial policy and competition[J]. American Economic Journal: Macroeconomics, 2015, 7(4): 1-32.

[4] AIGNER D J, CHU S F. On estimating the industry production function[J]. American Economic Review, 1968, 13: 568-598.

[5] AKERLOF G A. The market for "lemons": quality uncertainty and the market mechanism[J]. Quarterly Journal of Economics, 1970, 84: 488-500.

[6] ALEXANDER C R, BAUGUESS S W, BERNILE G, et al. Economic effects of SOX section 404 compliance: a corporate insider perspective[J]. Journal of Accounting and Economics, 2013, 56(2-3): 267-290.

[7] ANANDARAJAN A, CHIANG S, LEE P. R&D tax credit and operating performance: implications for managers[J]. Management Decision, 2010, 48(7-8): 1198-1211.

[8] ANGELO H D, MASULIS R W. Optimal capital structure under corporate and personal taxation[J]. Journal of Financial Economics, 1989, 32(2): 261-275.

[9] ASHBAUGH-SKAIFE H, COLLINS D W, KINNEY JR W R, et al. The effect of SOX internal control deficiencies and their remediation on accrual quality[J]. The Accounting Review, 2008, 83(1): 217-250.

[10] AUERBACH A J. Tax reform and adjustment costs: the impact on investment and market value[J]. International Economic Review, 1989, 30(4): 939-962.

[11] AYYAGARI M, DEMIRGÜ-KUNT A, MAKSIMOVIC V. How important are financing constraints? The role of finance in the business environment[J]. World Bank Economic Review, 2008, 22(3).

[12] AZIZ J, DUENWALD C K. Growth-financial intermediation nexus in China[M].

International Monetary Fund, 2002.

[13] BAH E H, FANG L. Impact of the business environment on output and productivity in Africa[J]. Journal of Development Economics, 2015, 114: 159-171.

[14] BAKKE T E. How does finance affect Growth? Evidence from a natural experiment in Venezuela[J]. Working paper, 2009.

[15] BARDAKA I, BOURNAKIS I, KAPLANOGLOU G. Total factor productivity (TFP) and fiscal consolidation: how harmful is austerity? [J]. Working Papers, 2018.

[16] BEASON R, WEINSTEIN D E. Growth, economies of scale, and targeting in Japan (1955-1990)[J]. The Review of Economics and Statistics, 1996, 78(5): 286-295.

[17] BECK T, LEVINE R, LOAYZA N. Finance and the sources of growth[J]. Journal of Financial Economics, 2000, 58(1): 261-300.

[18] BECK T, LEVINE R. Stock markets, banks, and growth: panel evidence[J]. Journal of Banking and Finance, 2004, 28(3): 423-442.

[19] BELL L, JENKINSON T. New evidence of the impact of dividend taxation and on the identity of the marginal investor[J]. The Journal of Finance, 2002(3)3: 1321-1346.

[20] BENHABIB J, FARMER R E. Indeterminacy and increasing returns[J]. Journal of Economic Theory, 1994, 62, 19-41.

[21] BERTONI F, COLOMBO M G, GRILLI L. Venture capital financing and the growth of high-tech start-ups: disentangling treatment from selection effects[J]. Research Policy, 2011, 40(7): 1028-1043.

[22] BHAGWATI J N. Directly unproductive, profit-seeking (DUP) activities[J]. Journal of Political Economy, 1982, 90(5): 988-1002.

[23] BLOOM N, GRIFFITH R, REENEB J V. Do R&D tax credits work? Evidence from a panel of countries 1979-1997[J]. Journal of Public Economics, 2002, 85(1): 1-31.

[24] BOLLARD A, KLENOW P J, SHARMA G. Indias mysterious manufacturing miracle[J]. Review of Economic Dynamics, 2013(16): 59-85.

[25] BOND S R, DEVEREUX M B, KLEMM A. The effects of dividend taxes on equity prices: a reexamination of the 1997 U. K. tax reform[J]. IMF Working Papers, 2007, 7204(200): 1-30.

[26] BONFIGLIOLI A. Financial integration, productivity and capital accumulation[J]. Journal of International Economics, 2008, 76(2): 337-355.

[27] BRADSHAW M, LIAO G, MA M. Ownership structure and tax avoidance: evidence from agency costs of state ownership in China[J]. SSRN Electronic Journal,

2016.

[28] BRANDT L, BIESEBROECK J V, ZHANG Y F. Creative accounting or creative destruction? Firm-level productivity growth in Chinese manufacturing[J]. Journal of Development Economics, 2012, 97(2): 339-351.

[29] BUCHANAN J M. The relevance of pareto optimality[J]. Journal of Conflict Resolution, 1962, 6(4): 341-354.

[30] CHAMBERLIN E H. Monopolistic or imperfect competition[J]. Quarterly Journal of Economics, 1937, 51(4): 557-580.

[31] CHEMMANUR T J, KRISHNAN K, NANDY D K. How does venture capital financing improve efficiency in private firms? A look beneath the surface[J]. Review of Financial Studies, 2008, 24(12): 4037-4090.

[32] CHEN Z, LIU Z K, CARLOS J. Notching R&D investment with corporate income tax cuts in China[R]. Working Paper, 2017.

[33] CHE Y, ZHANG L. Human Capital, Technology adoption and firm performance: impacts of China higher education expansion in the late 1990s[J]. The Economic Journal, 2018, 128: 2282-2320.

[34] COSTINOT A. On the origins of comparative adtantager[J]. Journal of International Economics, 2009, 77: 255-264.

[35] CRISCUOLO C, MARTIN R, OVERMAN H G, et al. The causal effects of an industrial policy[J]. American Economic Review, 2019, 109(1): 48-85.

[36] CROPPER M, OATES W. Environmental economics: a survey[J]. Journal of Economic Literature, 1992, 30(2): 675-740.

[37] CULL R, XU L C. Institutions, ownership, and finance: the determinants of profit reinvestment among Chinese firms[J]. Journal of Financial Economics, 2005(77): 117-146.

[38] CZARNITZKI D, HANEL P, ROSA J M. Evaluating the impact of R&D tax credits on innovation: a micro econometric study on Canadian firms[J]. Research Policy, 2011(40): 217-229.

[39] DAVID P A, HALL B H, TOOLE A A. Is public R&D a complement or substitute for private R&D? A review of the econometric evidence[J]. Research Policy, 2000(3): 497-529.

[40] DOYLE J T, GE W, MCVAY S. Accruals quality and internal control over financial reporting[J]. The Accounting Review, 2007, 82(5): 1141-1170.

[41] DU F, TANG G, YOUNG S M. Influence activities and favoritism in subjective performance evaluation: evidence from Chinese state-owned enterprises[J]. The Accounting Review, 2012, 87(5): 1555-1588.

[42] DUGUET E. Innovation height, spillovers and TFP growth at the firm level: evidence from French manufacturing[J]. Economics of Innovation and New Technology, 2007, 15(4-5): 415-442.

[43] EISNER R, ALBERT S H, SULLIVAN M A. The new incremental tax credit for R&D: incentive or disincentive?[J]. National Tax Journal, 1984, 37(2): 171-183.

[44] EMRAN M S, STIGLITZ J E. On selective indirect tax reform in developing countries[J]. Journal of Public Economics, 2005, 89: 599-623.

[45] EVANS D S, LEIGHTON L S. Some empirical aspects of entrepreneurship[J]. American Economic Review, 1989, 79(3): 519-535.

[46] FALCETTI E, RAISER M, SANFEY P. Defying the odds: initial conditions, reforms, and growth in the first decade of transition[J]. Journal of Comparative Economics, 2002, 30(2): 229-250.

[47] FAN J P H, WONG T J, ZHANG T. Politically connected CEOs, corporate governance, and the post-IPO performance of China's partially privatized firms[J]. Journal of Applied Corporate Finance, 2007, 84(2): 330-357.

[48] FARRELL M J. The measurement of productive efficiency[J]. Journal of the Royal Statistical Society Series A, 1957, 120(3): 253-290.

[49] FERRANDO A, RUGGIERI A. Financial constraints and productivity: evidence from Euro area companies[J]. International Journal of Finance & Economics, 2018, 23(3): 257-282.

[50] FRANCO F, URCAN O, VASVARI F P. Corporate diversification and the cost of debt: the role of segment disclosures[J]. The Accounting Review, 2016, 91(4): 1139-1165.

[51] GATTI R, LOVE I. Does access to credit improve productivity? Evidence from Bulgarian firms[J]. Policy Research Working Paper Series, 2006, 16(3): 445-465.

[52] GEHRINGER A. Growth, productivity and capital accumulation: the effects of financial liberalization in the case of European integration[J]. International Review of Economics & Finance, 2013, 25(1): 291-309.

[53] GREENSTONE M, LIST J M, SYVERSON C. The effects of environmental regulation on the competitiveness of US manufacturing[R]. NBER Working Paper, 2012.

[54] HALL B H, MAIRESSE J. Exploring the relationship between R&D and productivity in French manufacturing firms[J]. Journal of Econometrics, 1995, 65(1): 263-293.

[55] HALL B, REENEN J V. How effective are fiscal incentives for R&D? A review of the evidence[J]. Research Policy, 2000(29): 449-469.

[56] HALL R E, JONES C I. Why do some countries produce so much more output per worker than others? [J]. Quarterly Journal of Economics, 1999, 114(1): 83-116.

[57] HALL R E, JORGENSON D W. Tax policy and investment behavior[J]. The American Economic Review, 1976, 57(7): 391-414.

[58] HAN B H, MANRY D. The value-relevance of R&D and advertising expenditures: evidence from Korea[J]. The International Tourna of Accounting, 2004, 39(2): 155-173.

[59] HEATON J B. Managerial optimism and corporate finance[J]. Financial Management, 2002, 31(2): 33-45.

[60] HIRUKAWA M, UEDA M. Venture capital and innovation: which is first? [J]. Pacific Economic Review, 2011, 16(4): 421-465.

[61] HOGAN V. Expansionary fiscal contractions? Evidence from panel data[J]. Scandinavian Journal of Economics, 2004, 106(4): 647-659.

[62] HUANG C H. Tax credits and total factor productivity: firm-level evidence from Taiwan[J]. The Journal of Technology Transfer, 2015, 40: 932-947.

[63] JEANNENEY S G, HUA P, LIANG Z C. Financial development, economic efficiency, and productivity growth: evidence from China [J]. Development Economies, 2006, 44 (1): 27-52.

[64] JORGENSON D. Capital theory and investment behavior[J]. American Economic Review, 1963, 53(2): 247-259.

[65] KEEN M. VAT, Tariffs, withholding: border taxes and informality in developing countries[J]. Journal of Public Economic, 2008(92): 1892-1906.

[66] KEYNES J M, HICKS J R. La Teoría de la ocupación de Mr. Keynes: the general theory of employment, interest and money[J]. El Trimestre Económico, 1936, 3 (12): 514-534.

[67] KLASSEN K J, PITTMAN J A, REED M P, et al. A cross-national comparison of R&D expenditure decisions: tax incentives and financial constraints [J]. Contemporary Accounting Research, 2004, 21(3): 639-680.

[68] KLINE P, MORETTI E. Local economic development, agglomeration economies, and the big push: 100 years of evidence from the Tennessee Valley Authority[J]. Quarterly Journal of Economics, 2014, 129: 275-331.

[69] KRUEGER A B, LINDAHL M. Education for Growth: why and for whom[J]. Journal of Economic Literature, 2001, 39(4), 1101-1136.

[70] KRUEGER A O. The political economy of the rent-seeking society[J]. American Economic Review, 1974, 64(3), 291-303.

[71] KUMAR S, RUSSELL R R. Technologcial change, technological catch-up, and

capital deepening: relative contribution to growth and convergence[J]. American Economic Review, 2002, 92(3): 527-548.

[72] LACH S. Do R&D subsidies stimulate or displace private R&D subsidies: a theoretical analysis and a micro-econometric evaluation studies[J]. Research Policy, 2002, 50(4): 369-390.

[73] LEE J W. Government interventions and productivity growth[J]. Journal of Economic Growth, 1996, 1(3): 391-414.

[74] LEVCHENKO A A. Institutional quality and international trade[J]. Review of Economic Studies, 2007, 74(3): 791-819.

[75] LEVINSOHN J, PETRIN A. Estimating production functions using inputs to control for unobservables[J]. The Review of Economic Studies, 2003, 70(2): 317-341.

[76] LIN C, LIN P, SONG F. Property rights protection and corporate R&D: evidence from China[J]. Journal of Development Economics, 2010, 93(1): 49-62.

[77] MACKIE-MASON J K. Do taxes affect corporate financing decisions? [J]. The Journal of Finance, 1990, 45(5): 1471-1493.

[78] MAMUNEAS T P, NADIRI M I. Public R&D policies and cost behavior of the US manufacturing industries[J]. Journal of Public Economics, 1996, 63(1): 57-81.

[79] MANSFIELD E, SWITZER L. How effective are Canada's direct tax incentives for R&D? [J]. Canadian Public Policy, 1985, 11(2): 241-246.

[80] MARSHALL A. Principles of Economics[M]. London: Macmillan, 1890.

[81] MÉNARD C, SHIRLEY M M. Handbook of new institutional economics[M]. Dordrecht: Springer, 2005.

[82] MEYER D B. Breed, natural and quasi-experiments in economics[J]. Journal of Business and Economic Statistics, 1995, 13(2): 151-161.

[83] MILLER D, FRIESEN P H. A longitudinal study of the corporate life cycle[J]. Management Science, 1984, 30(10): 1161-1183.

[84] MOLL B. Productivity Losses from financial frictions: can self-financing undo capital misallocation? [J]. American Economic Review, 2014, 104(10): 3186-3221.

[85] MUKHERJEE A, SINGH M, ZALDOKAS A. Do corporate taxes hinder innovation? [J]. Journal of Financial Economics, 2017, 124(1): 195-221.

[86] NELSON R R. The simple economics of basic scientific research[J]. Journal of Political Economy, 1959, 67(3): 297-306.

[87] OLLEY G S, PAKES A. The dynamics of productivity in the telecommunications equipment industry[J]. Econometrica, 1996, 64(6): 1263-1297.

[88] ONARAN O, STOCKHAMMER E, GRAFL L. Financialisation, income

distribution and aggregate demand in the USA[J]. Cambridge journal of economics, 2011, 35(4): 637-661.

[89] PENROSE E T. The theory of the growth of the firm[M]. London: Basil Blackwell, 1959.

[90] RESTUCCIA D, ROGERSON R. Policy distortions and aggregate productivity with heterogeneous establishments[J]. Review of Economic Dynamics, 2008, 11(4): 707-720.

[91] RICHARDSON S. Over-investment of free cash flow[J]. Review of Accounting Studies, 2006, 11(2-3): 159-189.

[92] RIOJA F, VALEV N. Finance and the sources of growth at various stages of economic development[J]. Economic Inquiry, 2004, 42(1): 127-140.

[93] ROBINSON J. The economics of imperfect competition[M]. London: Macmillan, 1933.

[94] RODRIK D. Industrial policy for the 21st century[R]. Kennedy School of Government, Harvard University, 2004.

[95] ROMER P M. Increasing returns and long-run growth[J]. Journal of Political Economy, 1986, 94(5): 1002-1037.

[96] SAMUELSON P A. International trade and the equalization of factor prices[J]. Economic Journal, 1948(7): 163-184.

[97] SEDLACEK P, STERK V. Reviving American entrepreneurship? Tax reform and business dynamism[J]. Journal of Monetary Economics, 2019, 105: 94-108.

[98] SEKER M, SALIOLA F. A cross-country analysis of total factor productivity using microlevel data[J]. Central Bank Review, 2018, 18(1): 13-27.

[99] SOBEL M E. Asymptotic confidence intervals for indirect effects in structural equation models[J]. Sociological Methodology, 1982(13): 290-312.

[100] SOBEL M E. Direct and indirect effects in linear structural equation models[J]. Sociological Methods & Research, 1987; 16(1): 155-176. doi:10.1177/0049124187016001006.

[101] SOLOW R M. A contribution to the theory of economic growth[J]. Quarterly Journal of Economics, 1956, 70(1): 65-94.

[102] TANG M C, CHYI Y L. Legal environments, venture capital, and total factor productivity growth of Taiwanese industry[J]. Contemporary Economic Policy, 2008, 26(3): 468-481.

[103] TULLOCK G. The rand-parkinson effect[J]. Papers on Non-Market Decision Making, 1967, 3(1): 93-96.

[104] TZELEPIS D, SKURAS D. The effects of regional capital subsidies on firm performance: an empirical study[J]. Journal of Small Business & Enterprise Development, 2004, 11(1): 121-129.

[105] WALLSTEN S J. The effects of government-industry R&D programs on private R&D: the case of the Small Business Innovation Research program[J]. Rand Journal of Economics,2000,31(1):82-100.

[106] WERNERFELT B. A resource-based view of the firm[J]. Strategic Management Journal,1984(5):171-180.

[107] WESTMORE B. R&D, Patenting and growth: the role of public policy[J]. OECD Economics Department Working Papers,2013.

[108] WOOLDRIDGE J M. On estimating firm-level production functions using proxy variables to control for unobservables[J]. Economic Letters,2009,104:112-114.

[109] YOUNG A. Gold into base metals: productivity growth in the People's Republic of China during the reform period[J]. Journal of Political Economy,2003,111(6):1220-1261.

[110] ZHAO X, LYNCH J G, CHEN Q. Reconsidering Baron and Kenny: myths and truths about mediation analysis[J]. Journal of Consumer Research,2010,37(2):197-206.

[111] 安同良,周绍东,皮建才. R&D 补贴对中国企业自主创新的激励效应[J]. 经济研究,2009,44(10):87-98+120.

[112] 白俊红,王钺,蒋伏心,等. 研发要素流动、空间知识溢出与经济增长[J]. 经济研究,2017,52(7):109-123.

[113] 白彦锋,陈珊珊. "营改增"的减税效应:基于 DSGE 模型的分析[J]. 南京审计大学学报,2017,14(5):1-9.

[114] 白云霞,唐伟正,刘刚. 税收计划与企业税负[J]. 经济研究,2019,54(5):98-112.

[115] 包月红,赵芝俊. 专利保护和加计扣除能促进私人农业研发么?[J]. 科研管理,2019,40(12):163-171.

[116] 薄文广,周燕愉,陆定坤. 企业家才能、营商环境与企业全要素生产率:基于我国上市公司微观数据的分析[J]. 商业经济与管理,2019(8):85-97.

[117] 卜祥来. 财税激励政策影响企业 R&D 支出的实证研究[J]. 税务研究,2014(3):82-84.

[118] 蔡昉,林毅夫,张晓山,等. 改革开放 40 年与中国经济发展[J]. 经济学动态,2018(8):4-17.

[119] 陈赤平,孔莉霞. 制造业企业金融化、技术创新与全要素生产率[J]. 经济经纬,2020,37(4):73-80.

[120] 陈刚,李树,刘樱. 银行信贷、股市融资与中国全要素生产率动态[J]. 经济评论,2009(6):47-56+66.

[121] 陈海声,连敏超. 盈余管理、研发费用加计扣除政策的执行效率[J]. 科研管理,2020,41(4):54-63.

[122] 陈海声,刘欣.股权性质、公司税负与企业R&D投入[J].科技管理研究,2011,31(21):110-114.

[123] 陈茹,张金若,王成龙.国家审计改革提高了地方国有企业全要素生产率吗?[J].经济管理,2020,42(11):5-22.

[124] 陈诗一,陈登科.经济周期视角下的中国财政支出乘数研究[J].中国社会科学,2019(8):111-129+206-207.

[125] 陈雨露,马勇.中央银行的宏观监管职能:经济效果与影响因素分析[J].财经研究,2012,38(5):4-14.

[126] 陈远燕.加计扣除政策对企业研发投入的影响:基于某市企业面板数据的实证分析[J].税务研究,2015(11):88-93.

[127] 程惠芳,陆嘉俊.知识资本对工业企业全要素生产率影响的实证分析[J].经济研究,2014,49(5):174-187.

[128] 崔也光,王京.基于我国三大经济区的所得税研发费用加计扣除政策实施效果研究[J].税务研究,2020(2):92-98.

[129] 戴魁早.中国高技术产业的R&D投入与生产率增长:基于行业层面和Malmquist指数的实证检验[J].山西财经大学学报,2011,33(3):63-71.

[130] 戴魁早.中国高技术产业研发投入对生产率的影响[J].研究与发展管理,2011,23(4):66-74.

[131] 道格拉斯·C.诺思.制度、制度变迁与经济绩效[M].杭行译.上海:格致出版社 & 上海三联书店 & 上海人民出版社,2008.

[132] 邓力群.我国R&D投入对TFP贡献的实证分析[J].南京社会科学,2011(4):152-156.

[133] 丁汀,钱晓东."营改增"政策对制造业企业全要素生产率存在溢出效应吗[J].现代经济探讨,2019(1):77-85.

[134] 董晓芳,袁燕.企业创新、生命周期与聚集经济[J].经济学(季刊),2014,13(2):767-792.

[135] 段梅,李志强.经济政策不确定性、融资约束与全要素生产率:来自中国上市公司的经验证据[J].当代财经,2019(6):3-12.

[136] 段姝,杨彬.财政补贴与税收优惠的创新激励效应研究:来自民营科技型企业规模与生命周期的诠释[J].科技进步与对策,2020,37(16):120-127.

[137] 樊纲,王小鲁,马光荣.中国市场化进程对经济增长的贡献[J].经济研究,2011,46(9):4-16.

[138] 冯英杰,钟水映,赵家羚,等.市场化程度、资源错配与企业全要素生产率[J].西南民族大学学报(人文社科版),2020,41(5):100-112.

[139] 冯泽,陈凯华,戴小勇.研发费用加计扣除是否提升了企业创新能力?:创新链全视角[J].科研管理,2019,40(10):73-86.

[140] 盖庆恩,朱喜,程名望,等.要素市场扭曲、垄断势力与全要素生产率[J].经济研究,2015,50(5):61-75.

[141] 高玥,徐勍.R&D税收优惠政策效果研究:企业研发费用加计扣除政策改革的一项准自然实验[J].产经评论,2020,11(3):139-147.

[142] 桂慕文.人类社会协同论[M].南昌:江西人民出版社,2001:98-99.

[143] 郭健,刘晓彤,宋尚彬.企业异质性、研发费用加计扣除与全要素生产率[J].宏观经济研究,2020(5):130-144.

[144] 郭金花,杨瑞平.国家审计能促进国有企业全要素生产率增长吗?[J].审计与经济研究,2020,35(5):1-9.

[145] 郭檬楠,李校红.内部控制、社会审计与企业全要素生产率:协同监督抑或互相替代[J].统计与信息论坛,2020,35(11):77-84.

[146] 郭庆旺.减税降费的潜在财政影响与风险防范[J].管理世界,2019,35(6):1-10+194.

[147] 郭玉清,姜磊,李永宁.中国财政创新激励政策的增长绩效分析[J].当代经济科学,2009,31(3):1-8+124.

[148] 哈肯 H.高等协同学[M].郭治安译.北京:科学出版社,1989.

[149] 韩庆兰,刘莉.政治关联、税收政策对企业研发投入的影响:来自中国创业板民营上市公司的经验证据[J].中南大学学报(社会科学版),2017,23(4):110-118.

[150] 韩永辉,黄亮雄,王贤彬.产业政策推动地方产业结构升级了吗?:基于发展型地方政府的理论解释与实证检验[J].经济研究,2017,52(8):33-48.

[151] 郝颖,刘星.市场化进程与上市公司R&D投资:基于产权特征视角[J].科研管理,2010,31(4):81-90.

[152] 何明志,王晓晖.财务柔性、研发投入与企业全要素生产率[J].产经评论,2019,10(4):81-94.

[153] 何茵,沈明高.政府收入、税收结构与中国经济增长[J].金融研究,2009(9):14-25.

[154] 贺康,王运陈,张立光,等.税收优惠、创新产出与创新效率:基于研发费用加计扣除政策的实证检验[J].华东经济管理,2020,34(1):37-48.

[155] 胡春阳,王展祥.财政补贴如何影响企业全要素生产率:兼论制造业财政补贴"适度区间"[J].当代财经,2020(6):28-41.

[156] 胡春阳,余泳泽.政府补助与企业全要素生产率:对U型效应的理论解释及实证分析[J].财政研究,2019(6):72-85.

[157] 胡华夏,余跃洋,洪荭,等.研发费用加计扣除政策实施的影响因素分析[J].税务研究,2017,(2):121-124.

[158] 胡凯,吴清.R&D税收激励产业政策与企业生产率[J].产业经济研究,2018(3):115-126.

[159] 胡卫.论技术创新的市场失灵及其政策含义[J].自然辩证法研究,2006(10):

63-66+114.

[160] 黄宏斌,翟淑萍,陈静楠.企业生命周期、融资方式与融资约束:基于投资者情绪调节效应的研究[J].金融研究,2016(7):96-112.

[161] 黄惠丹,吴松彬.研发税收激励效应究竟有多大:基于税率式和税基式减免税优惠政策的考察[J].中国科技论坛,2019(9):34-39.

[162] 黄先海,宋学印,诸竹君.中国产业政策的最优实施空间界定:补贴效应、竞争兼容与过剩破解[J].中国工业经济,2015(4):57-69.

[163] 黄玉霞,谢建国.垂直专业化分工与服务业全要素生产率:基于中国服务业分行业的实证研究[J].财经论丛,2019(5):3-12.

[164] 贾明琪,张宇璐.软件信息业研发投入、研发费用加计扣除与企业绩效实证研发[J].科技进步与对策,2017,34(18):51-58.

[165] 贾卫国.我国退耕还林政策持续性研究[D].南京:南京林业大学,2005.

[166] 江静.公共政策对企业创新支持的绩效:基于直接补贴与税收优惠的比较分析[J].科研管理,2011,32(4):1-8+50.

[167] 江希和,王水娟.企业研发投资税收优惠政策效应研究[J].科研管理,2015(6):46-52.

[168] 姜艳凤,姜艳芳.基于随机前沿分析的增值税对全要素生产率的影响:兼评我国增值税制度的完善[J].经济经纬,2016,33(4):103-108.

[169] 蒋长流,江成涛,郑德昌.大股东掏空、非效率投资与企业全要素生产率[J].工业技术经济,2020,39(5):100-110.

[170] 蒋占华,黄阳.基于博弈模型的"企业研发经费加计扣除"政策分析[J].煤炭经济研究,2013,33(1):47-53.

[171] 金雪军,欧朝敏,李杨.全要素生产率、技术引进与R&D投入[J].科学学研究,2006(5):702-705.

[172] 卡尔·马克思.资本论[M].北京:人民出版社,1978.

[173] 孔东民,刘莎莎,王亚男.市场竞争、产权与政府补贴[J].经济研究,2013,48(2):55-67.

[174] 孔东民,庞立让.研发投入对生产率提升的滞后效应:来自工业企业的微观证据[J].产业经济研究,2014(6):69-80+90.

[175] 孔淑红.税收优惠对科技创新促进作用的实证分析:基于省际面板数据的经验分析[J].科技进步与对策,2010,27(24):32-36.

[176] 寇明婷,魏建武,马伟楠.国家研发财税政策是否促进了企业的R&D活动[J].科学学研究,2019,37(8):1394-1404.

[177] 匡小平,肖建华.我国自主创新能力培育的税收优惠政策整合:高新技术企业税收优惠分析[J].当代财经,2008(1):23-27.

[178] 黎文靖,胡玉明.国企内部薪酬差距激励了谁?[J].经济研究,2012,47(12):

125-136.

[179] 李贵,吴利华.开发区设立与企业成长:异质性与机制研究[J].中国工业经济,2018(4):79-97.

[180] 李宾.国内研发阻碍了我国全要素生产率的提高吗?[J].科学学研究,2010,28(7):1035-1042+1059.

[181] 李端生.对财会团队建设中异质性问题的思考[J].财会月刊,2019(19):3-8.

[182] 李端生,王晓燕.高管团队异质性、激励机制与企业研发投资行为:来自创业板上市公司的经验数据[J].经济问题,2019(2):58-68.

[183] 李健,盘宇章.金融发展、实体部门与全要素生产率增长:基于中国省级面板数据分析[J].经济科学,2017(5):16-30.

[184] 李健,卫平.金融发展与全要素生产率增长:基于中国省际面板数据的实证分析[J].经济理论与经济管理,2015(8):47-64.

[185] 李坤,陈海声.我国不同地区企业研发费用税前加计扣除政策实施效果对比:基于创业板公司的经验证据[J].科技管理研究,2017,37(9):21-28.

[186] 李沙沙,邹涛.政府干预、资本市场扭曲与全要素生产率:基于高技术产业的实证研究[J].东北财经大学学报,2017(02):24-32.

[187] 李善民,叶会.股权结构与公司绩效的差异分析:基于产业要素密集度的视角[J].证券市场导报,2007(4):35-43.

[188] 李双燕,苗进.差异化股权制衡度、行业异质性与全要素生产率:基于混合所有制企业的证据[J].经济管理,2020,42(1):5-24.

[189] 李万福,杜静.税收优惠、调整成本与R&D投资[J].会计研究,2016(12):58-63+96.

[190] 李维安,马超."实业+金融"的产融结合模式与企业投资效率:基于中国上市公司控股金融机构的研究[J].金融研究,2014(11):109-126.

[191] 李闻一,吴海波,崔果,等.研发费用加计扣除政策对企业研发投入的影响[J].会计之友,2019(5):31-36.

[192] 李新,汤恒运,陶东杰,等.研发费用加计扣除政策对企业研发投入的影响研究:来自中国上市公司的证据[J].宏观经济研究,2019(8):81-93+169.

[193] 李雪冬,江可申,魏洁云.高新技术企业税收优惠制度实施效果评价:以计算机及相关设备制造业为例[J].科技进步与对策,2013,30(1):129-132.

[194] 李燕,李应博,韩伯棠.创新政策异质性与战新产业公司财富效应研究[J].科研管理,2016,37(S1):523-532.

[195] 李永友,严岑.服务业"营改增"能带动制造业升级吗?[J].经济研究,2018,53(04):18-31.

[196] 李勇,魏婕,王满仓.市场化水平、所有制结构和企业微观动态效率:来自于面板门限模型的经验证据[J].产业经济研究,2013(5):54-64.

[197] 梁莱歆,冯延超.民营企业政治关联、雇员规模与薪酬成本[J].中国工业经济,2010(10):127-137.

[198] 林小玲,张凯.企业所得税减免、融资结构与全要素生产率:基于2012—2016年全国税收调查数据的实证研究[J].当代财经,2019(4):27-38.

[199] 林毅夫,李志赟.政策性负担、道德风险与预算软约束[J].经济研究,2004(2):17-27.

[200] 林洲钰,林汉川,邓兴华.所得税改革与中国企业技术创新[J].中国工业经济,2013(3):111-123.

[201] 刘柏惠,寇恩惠,杨龙见.增值税多档税率、资源误置与全要素生产率损失[J].经济研究,2019,54(5):113-128.

[202] 刘春,孙亮.薪酬差距与企业绩效:来自国企上市公司的经验证据[J].南开管理评论,2010(2):30-39+51.

[203] 刘丁蓉.企业"研发费用税前加计扣除"政策的执行效果研究[J].科技管理研究,2013(5):35-41.

[204] 刘笃池,贺玉平,王曦.企业金融化对实体企业生产效率的影响研究[J].上海经济研究,2016(8):74-83.

[205] 刘方,赵彦云.微观企业全要素生产率及其增长率测算方法综述[J].工业技术经济,2020,39(7):39-47.

[206] 刘洪铎.金融发展、企业研发融资约束缓解与全要素生产率增长:来自中国工业企业层面的经验证据[J].南方金融,2014(1):21-27.

[207] 刘家悦,胡颖,李波.人力资本、融资约束与企业全要素生产率:来自中国制造业企业的微观证据[J].华东经济管理,2020,34(10):112-119.

[208] 刘金星,宋理升.终极控制股东的政治关联与现金股利的实证研究:来自民营上市公司的经验证据[J].山西财经大学学报,2013,35(6):70-80.

[209] 刘军,关琳琳.营商环境优化、政府职能与企业TFP增长新动力:"窗口亮化"抑或"亲上加清"[J].软科学,2020,34(4):51-57.

[210] 刘圻,何钰,杨德伟.研发支出加计扣除的实施效果:基于深市中小板上市公司的实证研究[J].宏观经济研究,2012,34(9):87-92.

[211] 刘诗源,林志帆,冷志鹏.税收激励提高企业创新水平了吗?:基于企业生命周期理论的检验[J].经济研究,2020,55(6):105-121.

[212] 刘树艳,刘小凤.并购商誉、产权性质与企业全要素生产率:基于制造业上市公司的实证研究[J].济南大学学报(社会科学版),2020,30(2):102-111.

[213] 刘伟江,吕镯."营改增"、制造业服务化与全要素生产率提升:基于DI合成控制法的实证研究[J].南方经济,2018(5):1-21.

[214] 刘小玄,周晓艳.金融资源与实体经济之间配置关系的检验:兼论经济结构失衡的原因[J].金融研究,2011(2):57-70.

[215] 刘晔,林陈聃.研发费用加计扣除政策与企业全要素生产率[J].科学学研究,2021, 39(10):1790-1802.DOI:10.16192/j.cnki.1003-2053.20210208.001.

[216] 刘永涛.研发费用税前加计扣除政策及会计政策研析[J].税务研究,2018(1): 118-121.

[217] 刘玉廷.全面提升企业经营管理水平的重要举措:《企业内部控制配套指引》解读[J].会计研究,2010(5):3-16.

[218] 柳雅君.公允价值变动对现金股利的影响及市场反应[D].徐州:中国矿业大学,2014.

[219] 鲁桐,党印.公司治理与技术创新:分行业比较[J].经济研究,2014,49(6):115-128.

[220] 鲁晓东.金融资源错配阻碍了中国的经济增长吗[J].金融研究,2008(4):55-68.

[221] 鲁晓东,连玉君.中国工业企业全要素生产率估计:1999—2007[J].经济学(季刊),2012,11(2):541-558.

[222] 吕冰洋,陈志刚.中国省际资本、劳动和消费平均税率测算[J].财贸经济,2015(7):44-58.

[223] 罗宏,陈丽霖.增值税转型对企业融资约束的影响研究[J].会计研究,2012(12):43-49+94.

[224] 罗劲博.内部控制、社会信任与企业生产效率[J].会计与经济研究,2017,31(3):72-91.

[225] 马拴友.宏观税负、投资与经济增长:中国最优税率的估计[J].世界经济,2001(9):41-46.

[226] 马莹,王永琦.普惠性小微企业税收优惠政策的系统构建[J].税务研究,2019(5):114-119.

[227] 毛其淋.人力资本推动中国加工贸易升级了吗?[J].经济研究,2019,54(1):52-67.

[228] 孟辉,白雪洁.新兴产业的投资扩张、产品补贴与资源错配[J].数量经济技术经济研究,2017,34(6):20-36.

[229] 聂辉华,贾瑞雪.中国制造业企业生产率与资源误置[J].世界经济,2011,34(7):27-42.

[230] 潘红波,夏新平,余明桂.政府干预、政治关联与地方国有企业并购[J].经济研究,2008(4):41-52.

[231] 平新乔,黄昕,安然."营改增"前中国服务业与制造业之间全要素生产率的异质性和税负差异[J].经济社会体制比较,2017(2):77-84.

[232] 任灿灿,郭泽光,田智文.研发费用加计扣除与企业全要素生产率[J].华东经济管理,2021(5):119-128.

[233] 任海云,宋伟宸.企业异质性因素、研发费用加计扣除与R&D投入[J].科学学研究,2017,35(8):1232-1239.

[234] 邵敏,包群.政府补贴与企业生产率:基于我国工业企业的经验分析[J].中国工业

经济,2012(7):70-82.

[235] 邵挺.金融错配、所有制结构与资本回报率:来自1999—2007年我国工业企业的研究[J].金融研究,2010(9):51-68.

[236] 邵颖红,丁琴,鲍晴.CEO权力强度与企业双元创新投入决策:市场化水平及内部控制的调节作用[J].科技进步与对策,2021(9):1-9.

[237] 申广军,陈斌开,杨汝岱.减税能否提振中国经济?:基于中国增值税改革的实证研究[J].经济研究,2016,51(11):70-82.

[238] 盛明泉,蒋世战.高管股权激励、技术创新与企业全要素生产率:基于制造业企业的实证分析[J].贵州财经大学学报,2019(2):70-76.

[239] 盛明泉,汪顺,商玉萍.金融资产配置与实体企业全要素生产率:"产融相长"还是"脱实向虚"[J].财贸研究,2018,29(10):87-97+110.

[240] 盛明泉,吴少敏,盛安琪."营改增"对生产性服务业企业全要素生产率的影响研究[J].经济经纬,2020,37(2):150-158.

[241] 舒锐.产业政策一定有效吗?:基于工业数据的实证分析[J].产业经济研究,2013(3):45-54+63.

[242] 宋清,魏雪.融资约束、加计扣除优惠强度与研发投入实证研究:基于创业板上市公司数据[J].中国科技论坛,2018(11):106-115+157.

[243] 宋孝先,张博,刘金涛.研发费用税前加计扣除政策对企业R&D支出的挤入挤出效应:一个政策工具比较的视角[J].科技管理研究,2020,40(3):19-26.

[244] 苏明政,张庆君.市场化进程、金融摩擦与全要素生产率:基于动态一般均衡模型的分析[J].广东财经大学学报,2017,32(5):4-11.

[245] 孙晓华,王昀,郑辉.R&D溢出对中国制造业全要素生产率的影响:基于产业间、国际贸易和FDI三种溢出渠道的实证检验[J].南开经济研究,2012(5):18-35.

[246] 孙阳阳,丁玉莲.产业政策、融资约束与企业全要素生产率:基于战略性新兴产业政策的实证研究[J].工业技术经济,2021,40(1):59-67.

[247] 孙早,刘李华,孙亚政.市场化程度、地方保护主义与R&D的溢出效应:来自中国工业的经验证据[J].管理世界,2014(8):78-89.

[248] 孙早,席建成.中国式产业政策的实施效果:产业升级还是短期经济增长[J].中国工业经济,2015(7):52-67.

[249] 孙正,陈旭东,雷鸣."营改增"是否提升了全要素生产率?:兼论中国经济高质量增长的制度红利[J].南开经济研究,2020(1):113-129.

[250] 汤二子,刘海洋,孔祥贞,等.中国制造业企业研发投入与效果的经验研究[J].经济与管理,2012,26(8):57-61+73.

[251] 田晓丽.研发费用税收优惠对企业技术创新的影响研究[J].现代管理科学,2016(11):84-86.

[252] 万源星,许永斌,许文瀚.加计扣除政策、研发操纵与民营企业自主创新[J].科研管

理,2020,41(2):83-93.

[253] 汪卢俊,苏建.增值税改革促进了中国全要素生产率提高吗?:基于增值税转型和"营改增"改革的研究[J].当代经济研究,2019(4):95-102.

[254] 王春元,叶伟巍.税收优惠与企业自主创新:融资约束的视角[J].科研管理,2018,39(3):37-44.

[255] 王登礼,赖先进,郭京京."研发费加计扣除政策"的税收激励效应:以战略性新兴产业为例[J].科学学与科学技术管理,2018,39(10):3-12.

[256] 王凤荣,李靖.上市公司与非上市公司的绩效对比:一个产业视角的分析[J].南开经济研究,2005(6):99-104.

[257] 王洪盾,岳华,张旭.公司治理结构与公司绩效关系研究:基于企业全要素生产率的视角[J].上海经济研究,2019(4):17-27.

[258] 王俊峰,朱志凌.基于博弈模型的"企业R&D费用加计扣除"政策研究[J].科技管理研究,2014,34(18):26-30+47.

[259] 王雷,王新文.风险投资对上市公司全要素生产率的影响:基于独立创业投资与公司创业投资的比较分析[J].财经论丛,2020(10):55-63.

[260] 王力年,滕福星.论区域经济系统协同发展的关键环节及推进原则[J].工业技术经济,2012,31(2):13-18.

[261] 王立平,余小婷.金融发展、基础设施与区域经济增长[J].工业技术经济,2020,39(5):31-37.

[262] 王亮亮.研发支出资本化或费用化:税收视角的解释[J].会计研究,2016(9):17-24.

[263] 王玲,朱占红.基于事件分析法的国家创新政策对高新技术产业的影响分析[J].科学学与科学技术管理,2011,32(9):43-50.

[264] 王琴,王卉,王丽萍.财税补助对物联网上市公司全要素生产率的影响[J].商业研究,2015(1):28-32.

[265] 王淑英,张水娟,王文坡.R&D投入与区域创新能力关系及溢出效应分析:金融发展的调节作用[J].科技进步与对策,2018,35(2):39-46.

[266] 王玺,刘萌.研发费用加计扣除政策对企业绩效的影响研究:基于我国上市公司的实证分析[J].财政研究,2020(11):101-114.

[267] 王小鲁,樊纲,余静.文中国分省份市场化指数报告(2016)[M].北京:社会科学文献出版社,2017.

[268] 王雄元,史震阳,何捷.企业工薪所得税筹划与职工薪酬激励效应[J].管理世界,2016(7):137-153+171.

[269] 王瑶,彭凯,支晓强.税收激励与企业创新:来自"营改增"的经验证据[J].北京工商大学学报(社会科学版),2021,36(1):81-91.

[270] 王永海,刘慧玲.所得税税率变动与公司风险承受:基于我国A股上市公司的经验

证据[J]. 会计研究,2013,(5):43-50.

[271] 王勇,张耀辉. 内部治理与外源融资协同对企业生产率影响分析[J]. 产经评论,2018,9(5):101-111.

[272] 王芸,陈蕾. 研发费用加计扣除优惠强度、研发投入强度与企业价值[J]. 科技管理研究,2016,36(05):18-22+29.

[273] 王曾,符国群,黄丹阳,等. 国有企业CEO"政治晋升"与"在职消费"关系研究[J]. 管理世界,2014(5):157-171.

[274] 王铮,郑钦月,王利赞,等. R&D投入对中国经济的影响研究[J]. 科学学研究,2018,36(10):1750-1757.

[275] 韦锋,徐源琴. 农业税减免与农业全要素生产率:来自中国全面取消农业税的证据[J]. 世界农业,2020(12):87-97.

[276] 魏婧恬,葛鹏,王健. 制度环境、制度依赖性与企业全要素生产率[J]. 统计研究,2017,34(5):38-48.

[277] 魏下海,张建武. 人力资本对全要素生产率增长的门槛效应研究[J]. 中国人口科学,2010(5):48-57+111.

[278] 温忠麟,张雷,侯杰泰,等. 中介效应检验程序及其应用[J]. 心理学报,2004,36(5):614-620.

[279] 文芳. 企业生命周期对R&D投资影响的实证研究[J]. 经济经纬,2009(6):86-89.

[280] 吴超鹏,吴世农,程静雅,等. 风险投资对上市公司投融资行为影响的实证研究[J]. 经济研究,2012,(1):105-119.

[281] 吴辉航,刘小兵,季永宝. 减税能否提高企业生产效率?:基于西部大开发准自然实验的研究[J]. 财经研究,2017,43(4):55-67.

[282] 吴秋生,王婉婷. 加计扣除、国家审计与创新效率[J]. 审计研究,2020(5):30-40.

[283] 吴松彬,黄惠丹,张凯. R&D税收激励有效性与影响因素:基于15%税率式优惠和研发加计扣除政策的实证比较分析[J]. 科技进步与对策,2019,36(11):117-124.

[284] 吴祖光,万迪昉,王文虎. 税收优惠方式对研发投入激励效果的实验研究[J]. 系统工程理论与实践,2017,37(12):3025-3039.

[285] 夏力. 税收优惠能否促进技术创新:基于创业板上市公司的研究[J]. 中国科技论坛,2012(12):56-61.

[286] 谢欣,李建军. 地方税收竞争与经济增长关系实证研究[J]. 财政研究,2011(1):65-67.

[287] 熊波,杜佳琪. 加速折旧政策对企业全要素生产率的影响:来自A股上市公司的经验证据[J]. 工业技术经济,2020,39(10):145-152.

[288] 熊和平,杨伊君,周靓. 政府补助对不同生命周期企业R&D的影响[J]. 科学学与科学技术管理,2016,37(9):3-15.

[289] 徐彦坤,祁毓. 环境规制对企业生产率影响再评估及机制检验[J]. 财贸经济,2017,

38(6):147-161.

[290] 许伟,陈斌开.税收激励和企业投资:基于2004—2009年增值税转型的自然实验[J].管理世界,2016(5):9-17.

[291] 许先普,李加主.所得税负担会影响地区全要素生产率吗?:基于省际面板数据的实证分析[J].技术经济,2020,39(4):137-144+153.

[292] 薛钢,张道远,王薇.研发加计税收优惠对企业全要素生产率的激励效应[J].云南财经大学学报,2019,35(8):102-112.

[293] 薛宏刚,王浩,樊卓群.研发创新税收优惠政策是否有利于企业降杠杆?[J].西安交通大学学报(社会科学版),2020,40(3):17-24.

[294] 闫雨,李成明,孙博文,等.政府干预、生产率与高质量发展[J].技术经济与管理研究,2019(6):78-83.

[295] 严成樑,龚六堂.资本积累与创新相互作用框架下的财政政策与经济增长[J].世界经济,2009,32(1):40-51.

[296] 杨德明,辛清泉.投资者关系与代理成本:基于上市公司的分析[J].经济科学,2006(3):47-60.

[297] 杨令仪,杨默如.研发支出税收激励政策对公司股价的影响:基于事件研究法[J].华侨大学学报(哲学社会科学版),2019(1):49-62.

[298] 杨瑞平,李喆赟,刘文蓉.加计扣除政策改革与高新技术企业研发投入[J].经济问题,2021(8):110-120.

[299] 杨莎莉,张平竺,游家兴.税收优惠对企业全要素生产率的激励作用研究:基于供给侧结构性改革背景[J].税务研究,2019(4):104-109.

[300] 杨顺元.全要素生产率理论及实证研究[D].天津:天津大学,2006.

[301] 杨文溥.汇率波动、融资约束对企业全要素生产率的影响:基于中国工业企业数据的经验研究[J].国际商务(对外经济贸易大学学报),2019(5):116-130.

[302] 杨兴全,曾义.现金持有能够平滑企业的研发投入吗?:基于融资约束与金融发展视角的实证研究[J].科研管理,2014,35(7):107-115.

[303] 杨杨,汤晓健,杜剑.我国中小型民营企业税收负担与企业价值关系:基于深交所中小板上市公司数据的实证分析[J].税务研究,2014(3):3-7.

[304] 杨筝.经济政策不确定性、资源配置与全要素生产率[J].江西社会科学,2019,39(1):46-57.

[305] 杨竹清,陆松开.企业内部薪酬差距、股权激励与全要素生产率[J].商业研究,2018(2):65-72.

[306] 姚维保,张翼飞,李淑一.研发费用加计扣除对传统能源企业R&D的激励效应:来自我国传统能源上市企业面板数据实证检验[J].科技管理研究,2020,40(1):25-31.

[307] 叶彬.我国企业集团背景上市公司股权结构与全要素生产率实证研究[J].统计与

决策,2010(5):148-151.

[308] 殷红,张龙,叶祥松.我国财政政策对全要素生产率的非线性冲击效应:基于总量和结构双重视角[J].财贸经济,2020,41(12):37-52.

[309] 应益华,汤辉先.制造业上市公司并购绩效分析:基于全要素生产率视角[J].财会月刊,2014(14):26-30.

[310] 余淼杰.中国的贸易自由化与制造业企业生产率[J].经济研究,2010,45(12):97-110.

[311] 余明桂,回雅甫,潘红波.政治联系、寻租与地方政府财政补贴有效性[J].经济研究,2010(3):65-77.

[312] 余泳泽,张先轸.要素禀赋、适宜性创新模式选择与全要素生产率提升[J].管理世界,2015(9):13-31.

[313] 袁丽静,杜秀平.营商环境与工业全要素生产率:基于中国省区1994—2014年工业行业面板数据的实证分析[J].哈尔滨商业大学学报(社会科学版),2018(5):55-67.

[314] 袁业虎,沈立锦.研发费用加计扣除政策促进了企业降杠杆吗?:基于医药制造业上市公司双重差分模型的检验[J].税务研究,2020(10):92-99.

[315] 张丹丽,陈海声.企业研发费用加计扣除的动机和效果[J].科技管理研究,2017,37(19):38-46.

[316] 张广胜,孟茂源.研发投入对制造业企业全要素生产率的异质性影响研究[J].西南民族大学学报(人文社会科学版),2020,41(11):115-124.

[317] 张国清,赵景文,田五星.内控质量与公司绩效:基于内部代理和信号传递理论的视角[J].世界经济,2015,38(1):126-153.

[318] 张建华,戴露婷,夏思奇.融资策略、金融摩擦和企业全要素生产率:来自中国上市公司的经验证据[J].工业技术经济,2018,37(4):114-125.

[319] 张杰,周晓艳,李勇.要素市场扭曲抑制了中国企业R&D?[J].经济研究,2011,46(8):78-91.

[320] 张俊瑞,陈怡欣,汪方军.所得税优惠政策对企业创新效率影响评价研究[J].科研管理,2016,37(3):93-100.

[321] 张凯,吴松彬.企业异质性与加计扣除政策研发激励:来自中国高新技术企业的实证[J].科技进步与对策,2018,35(17):119-124.

[322] 张龙,刘金全.我国财政政策对经济增长的动态效应研究:基于"总量调控+结构优化"双轮驱动的检验[J].经济经纬,2019,36(4):133-140.

[323] 张慕濒,孙亚琼.金融资源配置效率与经济金融化的成因:基于中国上市公司的经验分析[J].经济学家,2014(4):81-90.

[324] 张涛.高质量发展的理论阐释及测度方法研究[J].数量经济技术经济研究,2020,37(5):23-43.

[325] 张卫国,任燕燕,花小安.地方政府投资行为、地区性行政垄断与经济增长:基于转型期中国省级面板数据的分析[J].经济研究,2011,46(8):26-37.

[326] 张玉,陈凯华,乔为国.中国大中型企业研发效率测度与财政激励政策影响[J].数量经济技术经济研究,2017,34(5):38-54.

[327] 郑宝红,张兆国.企业所得税率降低会影响全要素生产率吗?:来自我国上市公司的经验证据[J].会计研究,2018,(5):13-20.

[328] 郑尚植,赵雪.高质量发展究竟靠谁来推动:有为政府还是有效市场?:基于面板门槛模型的实证检验[J].当代经济管理,2020,42(5):1-7.

[329] 周阿立.新《企业所得税法》与新无形资产准则对上市公司研发投入的影响[J].税务研究,2010(8):19-22.

[330] 周方召,仲深,王雷.财税补贴、风险投资与高新技术企业的生产效率:来自中国物联网板块上市公司的经验证据[J].软科学,2013,27(3):100-105.

[331] 周茂,李雨浓,姚星,等.人力资本扩张与中国城市制造业出口升级:来自高校扩招的证据[J].管理世界,2019,35(5):64-77+198-199.

[332] 朱宏亮.融资结构影响全要素生产率的实证分析:来自 A 股上市公司的微观证据[J].科学决策,2020(1):72-89.

[333] 朱玉飞,安磊.企业实际税负与全要素生产率:一个倒 U 型关系[J].中南财经政法大学学报,2018(5):69-78.

[334] 邹恪,李凯,艾宝俊.终极控制权、现金流权与公司全要素生产率[J].管理科学,2009,22(5):2-12.

后　　记

　　光阴荏苒，日月如梭，五年半的博士求学生涯随着博士论文的定稿而走到尾声。从 2016 年 9 月入学至今，我有过彷徨，有过无助，有过逃避，但是庆幸的是我坚持下来了。读博就是一次修行。在修行的路上，不仅只有我一个人在努力，还离不开诸多师长的鼓励、同学和好友的帮助以及家人的付出。回首这五年半的时间，有太多太多的人想去感谢！

　　感谢我的导师李端生教授。感谢命运的安排，让我师从李老师，这是我读博期间最大的幸运。李老师为人正直，有着渊博的知识、严谨的治学态度以及超强的逻辑思维能力，不管是在工作还是生活中，李老师都是我学习的榜样。在过去的五年半中，李老师毫无保留地给予我帮助，他与我分享教学经验，指导我的论文写作，我的点滴进步都离不开李老师的悉心指导。在我博士学习伊始，他鼓励我积极参加学术交流会议，提高小论文的写作效率；在我为论文题目迟迟未定而着急时，李老师一如既往地鼓励我，让我扎实阅读文献，不要急于求成；论文初稿完成时，李老师逐字逐句修改，多次评阅并给出指导意见。

　　感谢山西财经大学会计学院领导和老师们的帮助。感谢既是领导又是老师的吴秋生教授。考博期间，吴老师减轻我的工作任务，让我沉下心来全力备考；读博期间，无论寒暑，每当遇到学术难题，吴老师都不惜牺牲休息时间，为我答疑解惑；临近毕业时，吴老师体谅我产假还没结束，又为我安排预答辩，指导我处理答辩中的大小事务。感谢郭泽光教授、袁春生教授、田祥宇教授在我求学期间给予我的指导，老师们开放、自由的学术态度和广博、深厚的专业知识深深地影响着我,提升了我的学术素养。感谢李颖老师、王晓亮老师、贺亚楠老师、郝盼盼老师、杨庆老师、王文慧老师、宋坤老师、郭檬楠老师、黄贤环老师、上官泽明老师、王婉婷老师、王汉瑛老师以及山西大学邢红卫老师跟我分享研究经历,他们在论文选题、研究设计等方面给予了我很多指导和建议。感谢山西财经大学会计学院胡晓琴老师、李勇老师在工作和生活上给我的诸多帮助。

感谢在毕业论文开题阶段北京工商大学谢志华教授、首都经济贸易大学栾甫贵教授、山西大学张信东教授、山西财经大学田祥宇教授和袁春生教授帮我把关开题报告,正是有了他们对我在论文选题、研究思路、研究设计等方面的指导,我的毕业论文才得以顺利完成。感谢天津财经大学田昆儒教授,中国海洋大学罗福凯教授、山西大学刘维奇教授和张信东教授,太原科技大学魏涛教授,山西财经大学郭泽光教授、田祥宇教授、吴秋生教授、袁春生教授在我论文预答辩与答辩中提出的宝贵意见。

感谢师兄王东升博士在博士入学时及时给予我指导,让我对博士阶段的学习有了清晰而明确的规划。在毕业论文写作期间,我正好怀孕,感谢师姐王晓燕博士陪我学习,督促我进步,与我探讨论文结构框架,并陪我定时产检。感谢师姐周虹博士,虽然远在他乡,但她仍然经常与我电话沟通,帮我答疑解惑。感谢师妹宋璐博士,她不仅和我分享论文写作心得,而且在业余时间陪我一起打球,放松心情。感谢师妹李校红博士,我们经常分享知识,且她为我的顺利毕业提供了诸多帮助。

感谢同窗好友王少华博士、田峰博士在我写作论文过程中对我的激励。感谢同事倪静洁博士:我们从参加工作到博士学习期间一直互相扶持、共同进步,一起哭、一起笑、一起"疯"。感谢聂瑞华博士、夏宇博士、苏国贤博士、陈虹博士、宣星宇博士和董屹宇博士:我们不仅谈生活的酸甜苦辣,也讨论项目书的申报与撰写。我能拥有这些志同道合的朋友,何其幸运。

感谢我的家人一直以来的默默支持。感谢我的父母,他们非常重视我的学习,并经常告诫我要认真对待自己的工作,干一行爱一行;感谢我的姐姐,是她对我父母的照顾,让我能够安心做自己的事;感谢我的公婆,为了让我心无旁骛地学习,他们承担起家中全部家务;感谢丈夫在我读博期间的陪伴,他为我枯燥的学习生活增添了不少乐趣;感谢我的女儿,虽然博士论文写作过程很艰苦,但是她的到来让我觉得生命更有意义。

博士论文完成之后,根据图书的出版要求,我对其进行了深入而细致的修改和完善,最终以图书的形式出版。本书不仅是我对博士学习阶段研究成果的总结,也是我科研工作的开始,在以后的工作岗位上,我将继续披荆斩棘、砥砺前行。在此感谢山西省"1331"重点创新团队建设计划项目(晋教科〔2017〕12号)的资助,同时,感谢立信会计出版社的大力支持。